5일 만에 끝내는

해커스 토익
실전모의고사 15회

200% 활용법

  무료

온라인 실전모의고사 응시권 (5회) 이용 방법

해커스인강(HackersIngang.com) 접속 ▶ 페이지 상단의 **[토스/오픽]** 클릭 ▶
상단의 **[MP3/자료 → 토익스피킹 → 실전모의고사 프로그램]** 클릭 ▶
본 교재의 **[실전모의고사 프로그램]** 이용하기

• 교재 구매 인증 후 이용 가능

  무료

토익스피킹 점수예측 풀서비스 이용 방법

해커스토익(Hackers.co.kr) 접속 ▶
페이지 상단의 **[교재/무료 MP3]** 클릭 ▶ **[토스·오픽]** 클릭 ▶
본 교재 우측의 **[토스 점수예측 풀서비스]** 클릭하여 이용하기

• QR코드로
[토스 점수예측 풀서비스]
이용하러 가기

  무료

실전 토익스피킹 해설강의 이용 방법

해커스토익(Hackers.co.kr) 접속 ▶
페이지 상단의 **[교재/무료 MP3]** 클릭 ▶ **[토스·오픽]** 클릭 ▶
본 교재 우측의 **[실전토스 해설강의]** 클릭하여 이용하기

• QR코드로
[실전 토익스피킹 해설강의]
이용하러 가기

  무료

토익스피킹 기출유형특강 이용 방법

해커스토익(Hackers.co.kr) 접속 ▶
페이지 상단의 **[교재/무료 MP3]** 클릭 ▶ **[토스·오픽]** 클릭 ▶
본 교재 우측의 **[토익스피킹 기출유형특강]** 클릭하여 이용하기

• QR코드로
[토익스피킹 기출유형특강]
이용하러 가기

  무료

교재 MP3 이용 방법

해커스인강(HackersIngang.com) 접속 ▶
페이지 상단의 **[토스/오픽]** 클릭 ▶
상단의 **[MP3/자료 → 토익스피킹 → 문제풀이 MP3]** 클릭하여 이용하기

• [기본 MP3] 무료 다운 가능, [시험장 MP3] 별매

• QR코드로
[교재 MP3]
바로 가기

5일 만에 끝내는

해커스
토익 스피킹
실전모의고사 15회

문제집

해커스 어학연구소

5일 만에 끝내는

해커스
토익 스피킹
실전모의고사 **15회**

문제집

해커스 어학연구소

토익스피킹, 한 번에
끝낼 수 있을까요 ?

만만치 않은 시험 응시료에,
다른 할 일도 산더미처럼 많고...
토익스피킹, 한 번에 끝내고 싶은데... 가능할까요?

[5일 만에 끝내는 해커스 토익스피킹 실전모의고사 15회]는 자신 있게 말합니다.

토익스피킹, 5일이면 충분히 끝낼 수 있습니다.

실전에 최적화된 문제 유형별 핵심 전략으로,
최신 출제 경향을 완벽 반영한 실전모의고사 15회로,
그리고 목표 달성을 돕는 무료 강의와 토익스피킹 필수 표현으로,

[5일 만에 끝내는 해커스 토익스피킹 실전모의고사 15회]와 함께 한다면

토익스피킹, 단기간에 확실하게 목표 등급을 달성할 수 있습니다.

"이미 수많은 사람들이 안전하게 지나간 길
가장 확실한 길
가장 빠른 길로 가면 돼요"

얼마 남지 않은 토익스피킹 시험,
해커스와 함께라면 한 번에 끝낼 수 있습니다!

CONTENTS

최신 출제 경향을 반영한 문제집 [책 속의 책]

가장 완벽한 마무리를 위한 **모범답변·해석·해설**

온라인 실전모의고사 5회분
(Actual Test 11~15)

해커스인강(HackersIngang.com) ▶
[토스/오픽] ▶ [MP3/자료 → 토익스피킹 →
실전모의고사 프로그램]

실전 토익스피킹 해설강의

해커스토익(Hackers.co.kr) ▶
[교재/무료MP3] ▶ [토스/오픽] ▶
[실전토스 해설강의]

실전에 임하는
수험자의 필수 마음가짐

01 무엇을 해야 하는지 명확하게 파악한다.

실전에서는 시험 진행 단계별로 내가 무엇을 해야 하는지 정확히 알고 그것을 해야만 비로소 목표 점수를 받을 수 있습니다. 따라서 각 단계별 전략을 명확히 파악하여 단 1초의 시간이라도 효율적으로 활용해야 합니다.

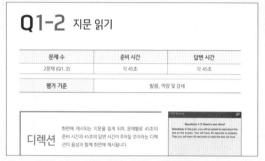

[한 번에 끝내는 토익스피킹 문제유형별 핵심 전략] 제공

단계별 [토익스피킹 끝내주는 Tip] 제공

02 실전의 긴장감에 대비한다.

아무리 철저히 준비했더라도 정작 실전에서 긴장한다면 목표 점수를 받기 어렵습니다. 최신 출제 경향을 완벽하게 반영한 실전테스트를 풀어보며 변화한 출제 유형을 익히고, 실전과 동일한 컴퓨터 환경에서 온라인 모의고사를 풀어보며 실제 시험의 긴장감에 철저하게 대비해야 합니다.

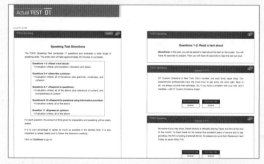

[최신 출제 경향을 반영한 실전테스트] 10회분 (교재 수록)

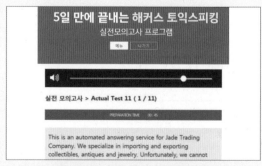

[온라인 실전모의고사 5회분(Actual Test 11~15)] 제공
(해커스인강 HackersIngang.com)

03 완벽하게 말할 수 있을 때까지 연습한다.

문제에 단 한 번 답변하는 것에 그치면 결코 고득점을 받을 수 없습니다. 모범 답변과 상세한 해석 및 해설을 통해 자신의 답변을 보완하고, 실전에서 유용하게 활용할 수 있는 답변 Tip을 통해 완벽해질 때까지 연습해야 합니다.

[가장 완벽한 마무리를 위한 **모범답변·해석·해설**] 제공

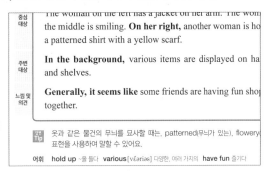

실전에서 유용하게 활용할 수 있는 [**답변 Tip**]

04 취약점을 파악하고 보완한다.

고득점을 목표로 하는 학습자에게는 단 하나의 취약점이라도 목표 점수를 향한 걸림돌이 될 수 있습니다. 특정 문제에서 답변하는 데 어려움이 있다면 최신 경향을 반영한 다양한 실전 문제를 통해 문제 유형별 특징 및 답변 전략을 정확하게 학습하고, 어휘나 표현이 부족하다면 토익스피킹 필수 표현을 익혀 완벽하게 실전에 임해야 합니다.

[**실전 토스학습 해설강의**] 제공
(해커스토익 Hackers.co.kr)

[결정적인 순간에 필요한 **토익스피킹 필수 표현 300**] 제공

실전형 맞춤 학습 플랜

실전**5일** 완성 토익스피킹 초단기 완성 학습 플랜

01. 1일 차에는 문제 유형별 핵심 전략을 학습하고, Actual Test를 3회분 풀어보며 학습한 전략을 적용해봅니다.

02. 2일차부터 4일차까지는 매일 Actual Test를 3회분씩 풀어본 후, 교재에 수록된 '결정적인 순간에 필요한 토익스피킹 필수 표현'을 한 부분씩 학습합니다. 보다 완성도 높은 답변을 위해서는 해커스토익(Hackers.co.kr) 스피킹 첨삭 게시판을 통해 자신의 답변을 점검합니다.

03. 4일차와 5일차에는 해커스인강(HackersIngang.com)에서 제공하는 온라인 실전모의고사(Actual Test 11~15)를 실전과 동일한 컴퓨터 환경에서 풀어보면서 실제 시험의 긴장감에 보다 철저히 대비합니다.

1일	2일	3일	4일	5일
☐ 문제 유형별 핵심 전략 학습 ☐ Actual Test 01~03 풀기	☐ Actual Test 04~06 풀기 ☐ 필수 표현 Q3-4 학습	☐ Actual Test 07~09 풀기 ☐ 필수 표현 Q5-7 학습	☐ Actual Test 10~12 풀기 (T11~12 온라인) ☐ 필수 표현 Q11 학습	☐ Actual Test 13~15 풀기 (온라인)

실전 **10일** 완성 │ 토익스피킹 단기 완성 학습 플랜

01. 1일 차에는 문제 유형별 핵심 전략을 학습하고, Actual Test 1회분을 풀어보며 학습한 전략을 적용해봅니다.

02. 2일차부터 4일차까지는 매일 Actual Test를 1회분씩 풀어본 후, 교재에 수록된 '결정적인 순간에 필요한 토익스피킹 필수 표현'을 한 부분씩 학습합니다.

03. 필수 표현 학습이 끝나면, 7일차까지는 Actual Test를 하루에 2회분씩 풀어보며 실전 감각을 익힙니다. 보다 완성도 높은 답변을 위해서는 해커스토익(Hackers.co.kr) 스피킹 첨삭게시판을 통해 자신의 답변을 점검합니다.

04. 마지막 3일 동안 해커스인강(HackersIngang.com)에서 제공하는 온라인 실전모의고사(Actual Test 11~15)를 실전과 동일한 컴퓨터 환경에서 풀어보면서 실제 시험의 긴장감에 보다 철저히 대비합니다.

1일	2일	3일	4일	5일
☐ 문제 유형별 핵심 전략 학습 ☐ Actual Test 01 풀기	☐ Actual Test 02 풀기 ☐ 필수 표현 Q3-4 학습	☐ Actual Test 03 풀기 ☐ 필수 표현 Q5-7 학습	☐ Actual Test 04 풀기 ☐ 필수 표현 Q11 학습	☐ Actual Test 05~06 풀기
6일	7일	8일	9일	10일
☐ Actual Test 07~08 풀기	☐ Actual Test 09~10 풀기	☐ Actual Test 11~12 풀기 (온라인)	☐ Actual Test 13~14 풀기 (온라인)	☐ Actual Test 15 풀기 (온라인)

완성도 높은 답변을 위한
해커스 온라인 첨삭 커뮤니티

해커스 온라인 첨삭 커뮤니티에서 다른 토익 스피킹 학습자들과 답변을 공유하고, 자신의 답변을 첨삭 받으며 보완할 점을 찾아 더 수준 높은 답변을 완성할 수 있습니다.

해커스토익(Hackers.co.kr) ▶ 토스·오픽 ▶ 스피킹 게시판 ▶ 스피킹&오픽 첨삭게시판

토익스피킹 알아보기 & 시험 당일 Tips

■ 토익스피킹 시험은 무엇인가요?

미국 ETS에서 개발하고 한국 TOEIC 위원회가 주관하는 국제 공인 시험으로 회사나 학교, 그리고 일상생활과 관련된 주제에 대한 말하기 능력을 측정하는 시험입니다. 컴퓨터로 시험을 치르는 CBT(Computer-Based Test) 방식으로 진행됩니다. 토익스피킹 시험은 총 11문항으로 구성되어 있으며, 오리엔테이션을 제외하고 약 20분 정도가 소요됩니다.

■ 토익스피킹 시험은 어떻게 구성되어 있나요?

문제 번호	문제 유형	답변 준비 시간	답변 시간	평가 기준*
Q1-2	Read a text aloud 지문 읽기	각 45초	각 45초	발음, 억양 및 강세
Q3-4	Describe a picture 사진 묘사하기	각 45초	각 30초	발음, 억양 및 강세, 문법, 어휘, 일관성
Q5-7	Respond to questions 질문에 답하기	각 3초	Q5-6: 15초 Q7: 30초	발음, 억양 및 강세, 문법, 어휘, 일관성, 내용의 연관성 및 완성도
Q8-10	Respond to questions using information provided 표 보고 질문에 답하기	표 읽기: 45초 답변 준비: 각 3초	Q8-9: 15초 Q10: 30초	발음, 억양 및 강세, 문법, 어휘, 일관성, 내용의 연관성 및 완성도
Q11	Express an opinion 의견 제시하기	45초	60초	발음, 억양 및 강세, 문법, 어휘, 일관성, 내용의 연관성 및 완성도

*전체적으로, 말하는 내용이 이해하기 쉬운지, 질문에 제대로 답하는지, 의견을 적절하게 제시하고 전개할 수 있는지를 평가합니다.

■ 토익스피킹은 어떻게 접수하나요?

토익스피킹 시험은 인터넷으로 접수 가능합니다. 토익스피킹 웹사이트(www.toeicswt.co.kr)에서 접수할 수 있으며, 접수 일정 및 시험에 대한 정보도 확인하실 수 있습니다.

🔲 토익스피킹 시험의 점수별 등급은 어떻게 되나요?

2022년 6월 4일 시험부터 OPIc과 같이 말하기 능숙도에 대한 공식 언어능력 기준인 ACTFL 등급으로 평가됩니다.

토익스피킹 등급	토익스피킹 점수
Advanced High	200
Advanced Mid	180~190
Advanced Low	160~170
Intermediate High	140~150
Intermediate Mid	110~130
Intermediate Low	90~100
Novice High	60~80
Novice Mid / Low	0~50

*Intermediate Mid의 경우 Intermediate Mid1 < Intermediate Mid2 < Intermediate Mid3로 세분화하여 제공합니다.

🔲 토익스피킹 시험 당일 Tips

시험센터로 출발 전	· 토익스피킹 홈페이지의 <시험센터 안내> 메뉴에서 시험센터의 약도를 확인하세요. · 입실 시작 시간에서 10분이 지나면 입실이 금지되므로 도착 시간을 엄수하세요. · 시험 당일 신분증이 없으면 시험에 응시할 수 없으므로, 주민등록증, 운전면허증, 공무원증, 장애인 복지 카드, 기간 만료 전의 여권, 초·중·고등학교 재학생의 경우 청소년증 및 국내 학생증 등의 규정 신분증을 반드시 지참하세요. (정부24를 통한 주민등록증 모바일 확인 서비스, 경찰청 발행 모바일 운전면허증, 모바일 공무원증도 인정됩니다.) · 노트테이킹에 필요한 메모지와 필기구는 센터에서 제공하므로 개별적으로 준비하지 않아도 됩니다.
시험 대기 시간	· 오리엔테이션 시간에 OMR 카드를 작성하므로, 고사장 입구에서 본인의 수험 번호를 정확하게 확인하세요. · 신분 확인용 사진 촬영 시, 색이 있는 안경이나 모자, 헤드셋을 착용하지 않도록 주의하고, 사진 안에 자신의 머리와 어깨가 나오는지를 확인하세요. · 듣기/녹음 테스트 시간을 활용하여 헤드폰 음량을 적절히 조절하고 마이크가 올바르게 작동하는지 확인하세요.
시험 진행 시간	· 다른 사람의 목소리가 들리더라도 자신의 페이스를 유지하며 답변하세요. · 문제별로 정해진 답변 시간을 가능한 한 채워서 말하세요. · 한 문제의 답변 시간이 끝나면 바로 다음 문제가 시작되므로, 당황하지 말고 바로 다음 문제를 준비하세요. · 시험 도중 말문이 막히는 경우 침묵을 유지하지 말고 Let me see(어디 보자), you know(있잖아) 등의 표현을 사용하며 생각할 시간을 버세요.

🔲 토익스피킹 시험 성적은 어떻게 확인하나요?

성적 발표일	응시일로부터 5일 후
성적 확인 방법	인터넷 홈페이지(www.toeicswt.co.kr)
성적표 수령 방법	우편 또는 온라인 / 우편: 성적 발표 후 7~10일 이내, 온라인: 성적 발표 후 즉시

한 번에 끝내는
토익스피킹
문제 유형별
핵심 전략

Q1-2 지문 읽기

문제 수	준비 시간	답변 시간
2문제 (Q1, 2)	각 45초	각 45초

평가 기준	발음, 억양 및 강세

디렉션

화면에 제시되는 지문을 읽게 되며, 문제별로 45초의 준비 시간과 45초의 답변 시간이 주어질 것이라는 디렉션이 음성과 함께 화면에 제시됩니다.

TOEIC Speaking

Questions 1-2: Read a text aloud

Directions: In this part, you will be asked to read aloud the text on the screen. You will have 45 seconds to prepare. Then you will have 45 seconds to read the text out loud.

01 준비 시간

1번 지문이 화면에 제시되고, 'Begin preparing now.' 라는 음성이 나온 후 45초의 준비 시간이 시작됩니다.

TOEIC Speaking

Anything you need, you can find at Jeremy's Electronics Store. We boast the largest warehouse store in the state of Michigan. Our selection includes the latest television sets, cutting-edge laptops, and high tech camcorders, among other various items. Come by during regular hours and have a specialist find exactly what you are looking for!

PREPARATION TIME 00:00:45  준비 시간

02 답변 시간

준비 시간이 끝나면, 'Begin reading aloud now.'라는 음성이 나온 후 45초의 답변 시간이 시작됩니다. 1번 문제의 답변 시간이 끝나면, 2번 지문이 화면에 제시되고 동일하게 진행됩니다.

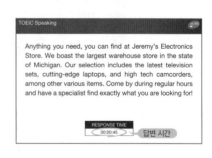

TOEIC Speaking

Anything you need, you can find at Jeremy's Electronics Store. We boast the largest warehouse store in the state of Michigan. Our selection includes the latest television sets, cutting-edge laptops, and high tech camcorders, among other various items. Come by during regular hours and have a specialist find exactly what you are looking for!

RESPONSE TIME 00:00:45 답변 시간

STEP 1

준비 시간 동안
발음, 강세, 억양
파악하며 읽어보기

TOEIC Speaking

Anything you need, you can find at Jeremy's Electronics Store. We boast the largest warehouse store in the state of Michigan. Our selection includes the latest television sets, cutting-edge laptops, and high tech camcorders, among other various items. Come by during regular hours and have a specialist find exactly what you are looking for!

PREPARATION TIME
00:00:45 ← 준비 시간

핵심 전략 실전 감각 100% 채우기

45초의 준비 시간 동안, 다음의 내용을 파악하며 읽어본다.

1. 발음과 연음을 파악하라.
자연스럽게 읽을 수 있도록, 발음하기 힘든 고유명사, 외래어, 연음 부분은 여러 번 반복하여 읽으면서 입에 익혀둔다.

2. 단어 강세와 문장에서 강하게 읽을 부분을 파악하라.
지문의 의미를 효과적으로 전달할 수 있도록, 2음절 이상 단어들의 강세와 문맥상 문장 내에서 강조해서 읽어야 할 부분을 미리 파악한다.

3. 끊어 읽기와 억양을 파악하라.
지문의 의미를 정확하게 전달할 수 있도록, 끊어 읽어야 할 부분과 억양을 미리 파악해 둔다. 의문문이나 If로 시작하는 부사절, 세 단어의 나열과 같이 특히 억양에 주의해야 하는 부분은 반드시 파악해야 한다.

토익스피킹
끝 내주는 Tip

어려운 부분에 집중하라
준비 시간 동안 지문 전체를 한 번 읽고 시간이 남는 경우, 전체를 다시 읽기 보다는 처음에 읽기 어려웠던 부분을 여러 번 반복하여 읽으면서 연습하는 것이 좋다.

예) Anything you need, / you can find at Jeremy's Electronics Store.(↘) // We boast the largest warehouse store in the state of Michigan.(↘) // Our selection includes the latest television sets,(↗) / cutting-edge laptops,(↗) / and high tech camcorders among other various items.(↘) // Come by during regular hours / and have a specialist find exactly what you are looking for!(↘) // Call us for more information at 555-3934.(↘) //

STEP 2

TOEIC Speaking
VOLUME

Anything you need, you can find at Jeremy's Electronics Store. We boast the largest warehouse store in the state of Michigan. Our selection includes the latest television sets, cutting-edge laptops, and high tech camcorders, among other various items. Come by during regular hours and have a specialist find exactly what you are looking for!

RESPONSE TIME
00:00:45 ——— 답변 시간

핵심 전략   실전 감각 100% 채우기

45초의 답변 시간 동안,
파악한 내용을 바탕으로 지문을 읽는다.

1. 느낌을 살려 자연스럽게 읽어라.
지문에 맞게 자연스럽게 읽을 수 있도록, 앞서 파악한 고유명사와 외래어의 발음, 연음, 강세에 주의하며 느낌을 살려 읽는다.

2. 정확한 의미를 전달할 수 있도록 읽어라.
지문의 의미를 제대로 전달할 수 있도록, 문장에서 강조하여 읽어야 할 부분과 끊어 읽어야 할 부분에 주의하며 읽는다. 또한, 의문문이나 If절, 세 단어가 나열되는 부분의 억양을 살려 읽는다.

토익스피킹
끝 내주는 Tip

주변은 신경 쓰지 말 것!
답변 시간에는 주변의 응시자들이 함께 읽는 소리가 들리기 때문에 신경이 쓰일 수 있다. 하지만 긴장하지 말고 자신의 페이스에 맞게 또박또박 읽도록 하자.

예)
Anything you need, / you can find at Jeremy's Electronics Store.(↘) // We boast the largest warehouse store in the state of Michigan. (↘) // Our selection includes the latest television sets,(↗) / cutting-edge laptops,(↗) / and high tech camcorders among other various items.(↘) // Come by during regular hours / and have a specialist find exactly what you are looking for!(↘) // Call us for more information at 555-3934.(↘) //

Q3-4 사진 묘사하기

문제 수	준비 시간	답변 시간
2문제 (Q3-4)	각 45초	각 30초

평가 기준	발음, 억양 및 강세, 문법, 어휘, 일관성

디렉션

화면에 제시되는 사진을 묘사하게 되며, 45초의 준비 시간이 주어진 후 30초의 답변 시간이 주어질 것이라는 디렉션이 음성과 함께 화면에 제시됩니다.

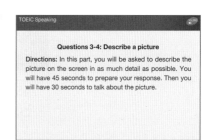

01 준비 시간

3번 사진이 화면에 제시되고 'Begin preparing now.' 라는 음성이 나온 후, 45초의 준비 시간이 시작됩니다.

02 답변 시간

준비 시간이 끝나고 'Begin speaking now.'라는 음성이 나온 후, 30초의 답변 시간이 시작됩니다. 3번 문제의 답변 시간이 끝나면, 4번 사진이 화면에 제시되고 동일하게 진행됩니다.

STEP 1

준비 시간 동안
사진 관찰하며
표현 떠올리기

TOEIC Speaking

PREPARATION TIME
00:00:45 — 준비 시간

핵심 전략   실전 감각 100% 채우기

45초의 준비 시간 동안,
다음과 같이 사진을 관찰하며 표현을 떠올린다.

1. 사진의 장소를 파악한다.
사진 속의 배경 또는 사물을 통해 사진이 찍힌 장소를 파악하고, 한 단어로 장소를 떠올린다.

2. 중심 대상을 파악한다.
장소를 파악한 후, 가장 눈에 띄는 사람의 행동이나 복장, 또는 사물의 상태를 파악하고 관련 표현을 떠올린다. 만약 중심 대상이 없다면, 사진에 보이는 사람·사물의 전반적인 공통점이 있는지 확인하고 관련 표현을 떠올린다.

3. 주변 대상을 파악한다.
중심 대상 파악이 끝난 후, 주변 사람이나 사물의 위치, 동작, 상태를 파악한다. 이때 사진의 중심에서 주변으로, 또는 왼쪽에서 오른쪽으로 관찰하면서 관련 표현을 떠올린다.

4. 느낌 및 의견을 떠올린다.
마지막으로, 사람들의 행동, 분위기, 날씨 등을 보고 느낀 점이나, 자신의 의견 또는 생각을 간단하게 나타낼 수 있는 표현을 떠올린다.

토익스피킹
끝내주는 Tip

장소를 말하기 어렵다면?
사진을 보았을 때 어디인지 장소를 명확하게 말하기 어렵거나, 표현이 떠오르지 않는 경우가 있다. 이때, 간단하게 실내는 indoors, 실외는 outdoors라고 말하면 된다.

STEP 2

답변 시간 동안
떠올린 표현을
템플릿에 넣어 답변하기

TOEIC Speaking

VOLUME

RESPONSE TIME
00:00:30 ← 답변 시간

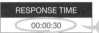

핵심 전략　실전 감각 100% 채우기

30초의 답변 시간 동안,
떠올린 표현을 다음 템플릿에 넣어 답변한다.

장소 (5초)	**This picture was taken at 장소.** 이 사진은 ~에서 찍혔습니다.
중심 대상 (10~15초)	**The first thing I see is 중심 대상.** 처음에 보이는 것은 ~입니다.
주변 대상 (5~10초)	**Next to/In front of/Behind~, 주변 대상.** ~의 옆에는/앞에는/뒤에는, ~이 있습니다. **On the (left/right) side of the picture, 주변 대상.** 사진의 (왼쪽/오른쪽)에는, ~이 있습니다. **In the (foreground/background) of the picture, 배경.** 사진의 (전경/배경)에는, ~이 있습니다. **In the distance, 배경.** 멀리에는, ~이 있습니다.
느낌 및 의견 (5초)	**Generally, it seems like 느낌 및 의견.** 전반적으로, ~인 것 같습니다.

토익스피킹
끝 내주는 Tip

잘 모르겠을 때는 쉬운 단어로!

묘사할 대상을 나타내는 정확한 어휘나 표현이 떠오르지 않을 때는, people(사람), clothes(옷), item(물건) 등의 쉬운 어휘를 사용해서 답변하면 된다.

예)

I can see two people working.
(일하고 있는 두 사람이 보인다.)

They are wearing black clothes.
(그들은 검은색 옷을 입고 있다.)

There are some items on the desk.
(책상 위에 몇 가지 물건이 있다.)

Q5-7 질문에 답하기

문제 수	준비 시간	답변 시간
3문제 (Q5, 6, 7)	각 3초	Q5, 6: 15초 / Q7: 30초

평가 기준	발음, 억양 및 강세, 문법, 어휘, 일관성, 내용의 연관성 및 완성도

디렉션

세 개의 질문에 대답하게 된다는 것과, 질문별 준비 시간 및 답변 시간을 알려주는 디렉션이 음성과 함께 화면에 제시됩니다.

TOEIC Speaking

Questions 5-7: Respond to questions

Directions: In this part, you will be asked to answer three questions. After listening to each question, you will have three seconds to prepare your response. You will have 15 seconds to respond to Questions 5 and 6 and 30 seconds to respond to Question 7.

01 상황 설명

친구와 같은 지인과 통화 중이거나, 마케팅 회사 또는 방송국에서 진행하는 전화 설문 조사에 참여하고 있다는 상황 설명과 질문 토픽이 음성과 함께 화면에 제시됩니다.

TOEIC Speaking

Imagine that you are talking to a friend on the telephone. You are having a conversation about restaurants.

02 질문 제시

상황 설명이 끝난 후, 각 질문이 음성과 함께 화면에 제시됩니다. 질문 음성이 나온 다음 'Begin preparing now.'라는 음성과 함께 3초의 준비 시간이 시작됩니다. 5번 질문이 나오고 준비 시간과 답변 시간이 끝나면, 같은 순서로 6, 7번의 질문 음성이 나옵니다.

TOEIC Speaking

Imagine that you are talking to a friend on the telephone. You are having a conversation about restaurants.

How often do you eat at a restaurant, and who do you eat with?

PREPARATION TIME
00:00:03 — 준비 시간

03 답변 시간

각 문제별로 3초의 준비 시간이 끝나고 'Begin speaking now.'라는 음성이 나온 후, 5, 6번의 경우 15초, 7번의 경우 30초의 답변 시간이 시작됩니다.

TOEIC Speaking

Imagine that you are talking to a friend on the telephone. You are having a conversation about restaurants.

How often do you eat at a restaurant, and who do you eat with?

RESPONSE TIME
00:00:15 — 답변 시간

STEP 1

상황 설명 동안
내용 파악하고
질문 및 답변 예상하기

TOEIC Speaking

VOLUME

Imagine that you are talking to a friend on the telephone. You are having a conversation about restaurants.

핵심 전략 실전 감각 100% 채우기

**질문에 앞서 주어지는 상황 설명 동안,
다음 내용을 파악하고 질문 및 답변을 예상한다.**

1. 통화 상대를 파악하라.

상황 설명 화면에서 Imagine that 이후의 부분을 보고 통화 상대를 파악한다. 통화 상대가 지인인 경우 a friend, a colleague 등이, 설문 상황인 경우 a marketing firm, a radio station 등이 제시된다.

2. 토픽을 파악하라.

통화 상대를 파악한 후, 상황 설명의 맨 마지막의 about 다음의 내용을 통해 질문 토픽을 파악한다. 지인과의 통화인 경우, 주로 일상에 관련된 토픽이 많이 출제되며, 설문 상황인 경우 다양한 토픽이 출제된다.

3. 질문과 답변을 예상하라.

통화 상대와 토픽을 파악한 후, 빠르게 답변할 수 있도록 토픽과 관련된 질문과 그에 대한 답변을 예상해 본다.

예) 지인과의 통화

Imagine that you are talking to [a friend] (→통화 상대) on the telephone. You are talking about [restaurants] (→토픽).

전화 설문

Imagine that [an American marketing firm] (→통화 상대) is doing research in your area. You have agreed to participate in a telephone interview about [your hometown] (→토픽).

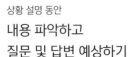

토익스피킹 끝내주는 Tip

육하원칙에 따라 생각하라

Q5-7의 거의 모든 질문은 '언제, 얼마나 자주, 어디서, 누구와, 어떻게, 무엇을'과 같이 주로 육하원칙에 해당되는 기본적인 내용을 묻는다. 따라서 예상 질문을 생각할 때는 이에 근거해 질문과 답변을 예상해 보면 큰 도움이 된다.

STEP 2

質문 제시 동안
포인트를 중심으로
질문 파악하기

TOEIC Speaking

Imagine that you are talking to a friend on the telephone. You are having a conversation about restaurants.

How often do you eat at a restaurant, and who do you eat with?

PREPARATION TIME
00:00:03 — 준비 시간

핵심 전략   실전 감각 100% 채우기

질문을 읽어주는 시간과 준비 시간 동안, 다음과 같이 질문을 파악한다.

1. Q5: 의문사를 중심으로 묻는 내용을 파악하라.

Q5에서는 주로 빈도, 일시, 장소와 같은 간단한 정보 두 가지를 and로 연결하여 한 번에 묻는다. 따라서 의문사를 중심으로 묻는 내용을 모두 파악해야 한다.

2. Q6: 관련 내용을 함께 묻는지 파악하라.

Q6에서는 주로 한 가지 정보에 대한 자세한 의견을 물으며, 질문 끝에 why가 붙는 경우 그에 대한 이유도 함께 답변해야 한다. 따라서 의문사나 조동사 뒤에 나오는 내용을 파악하고, 이와 관련된 이유를 함께 묻고 있는지도 파악해야 한다.

3. Q7: 질문에서 묻는 구체적인 내용을 파악하라.

Q7에서는 제안을 요청하거나 구체적인 의견을 묻는다. 따라서 의문사나 조동사 뒤에 나오는 내용을 중심으로 질문에서 묻는 구체적인 내용을 정확히 파악해야 한다.

예)   Q5. How often do you eat at a restaurant, and who do you eat with?

Q6. What do you normally order when you eat at a restaurant? Why?

Q7. I see. Can you recommend a restaurant in our area?

STEP 3

답변 시간 동안
짜임새 있게 답변하기

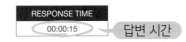

TOEIC Speaking

Imagine that you are talking to a friend on the telephone. You are having a conversation about restaurants.

How often do you eat at a restaurant, and who do you eat with?

RESPONSE TIME
00:00:15 답변 시간

핵심 전략 실전 감각 100% 채우기

15초 또는 30초의 답변 시간 동안, 다음과 같이 답변한다.

1. Q5: 묻는 내용에 모두 답변하라.
Q5의 경우, 질문에 쓰인 표현을 활용하여 각 질문에 대한 답변을 접속사 and로 자연스럽게 연결하여 답변한다. 이때 반드시 묻는 내용에 모두 답변해야 높은 점수를 받을 수 있다.

2. Q6: '핵심 응답 → 관련 내용' 순으로 답변하라.
Q6의 경우, 질문에 쓰인 표현을 활용하여 핵심 응답을 말한 후, 이와 관련된 이유, 경험, 습관, 예시, 추가 정보 등의 관련 내용을 한 문장 정도 덧붙여 답변한다.

3. Q7: '핵심 응답 → 근거 → 마무리' 순으로 답변하라.
Q7의 경우, 질문에 쓰인 표현을 활용하여 핵심 응답을 말한 후, First(첫째로), Also (또한)와 같은 표현을 사용하여 근거를 두 가지 정도 덧붙인다. 시간이 남으면 So (그래서) 또는 Therefore(그러므로)와 같은 표현을 사용하여 다시 한번 의견을 말하며 답변을 마무리한다.

토익스피킹
끝내주는 Tip

쉽고, 저렴하고, 빠르고, 편리한 것이 최고!

3초 동안 준비하여 30초 동안 답변해야 하는 Q6는 토익 스피킹 응시자들에게 Q11 만큼이나 어려운 관문이다. 핵심 응답을 말한 뒤 답변 근거가 전혀 생각나지 않을 경우, 쉽고(easy), 저렴하고 (cheap), 빠르고(fast), 편리하다(convenient)는 근거는 다양한 질문의 답변에 사용될 수 있으니 기억해 두자.

Q8-10 표 보고 질문에 답하기

문제 수	표 읽는 시간	준비 시간	답변 시간
3문제 (Q8, 9, 10)	45초	각 3초	Q8, 9: 15초 / Q10: 30초

평가 기준	발음, 억양 및 강세, 문법, 어휘, 일관성, 내용의 연관성 및 완성도

디렉션

표 읽는 시간이 주어진 다음 세 개의 질문에 대답하게 되며, 정보 읽는 시간, 질문별 준비 시간 및 답변 시간을 알려주는 디렉션이 음성과 함께 화면에 제시됩니다.

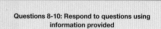

01 표 읽는 시간 및 상황 설명

화면에 표가 제시되고, 표를 읽는 시간 45초가 주어집니다. 45초가 끝난 후, 화면에 표를 계속 보여주는 상태에서 표에 대한 문의 사항이 있다는 내용의 상황 설명이 음성으로만 제시됩니다.

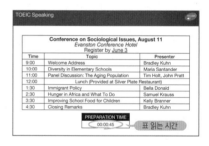

02 질문 제시

상황 설명이 끝난 후, 각 질문이 음성으로만 제시됩니다. 질문 음성이 나온 다음 'Begin preparing now.'라는 음성과 함께 3초의 준비 시간이 시작됩니다. 8번 질문과 준비 시간, 답변 시간이 끝나면, 같은 순서로 9, 10번의 질문 음성이 나옵니다. 10번 질문은 두 번 들려주며 첫 번째 질문 음성을 들려준 뒤 'Now Listen Again' 디렉션이 나온 후 두 번째 음성을 들려 줍니다.

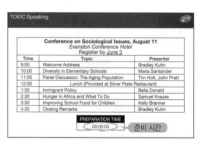

03 답변 시간

각 문제별로 3초의 준비 시간이 끝나고 'Begin speaking now.'라는 음성이 나온 후, 8, 9번의 경우 15초, 10번의 경우 30초의 답변 시간이 시작됩니다.

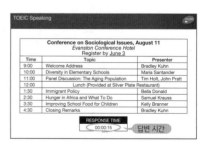

STEP 1

표 읽는 시간 및 상황 설명 동안
표 내용 파악하기

TOEIC Speaking

Conference on Sociological Issues, August 11 *Evanston Conference Hotel* Register by June 3		
Time	Topic	Presenter
9:00	Welcome Address	Bradley Kuhn
10:00	Diversity in Elementary Schools	Maria Santander
11:00	Panel Discussion: The Aging Population	Tim Holt, John Pratt
12:00	Lunch (Provided at Silver Plate Restaurant)	
1:30	Immigrant Policy	Bella Donald
2:30	Hunger in Africa and What To Do	Samuel Krauss
3:30	Improving School Food for Children	Kelly Branner
4:30	Closing Remarks	Bradley Kuhn

PREPARATION TIME
00:00:45 ← 표 읽는 시간

핵심 전략 실전 감각 100% 채우기

질문에 앞서 주어지는 45초의 표 읽는 시간 동안,
다음과 같이 내용을 파악한다.

1. 표의 기본 정보를 파악하라.
표가 제시되면 곧바로 위쪽 부분을 보고 표의 종류와 기본적인 정보를 파악한다. 표 위쪽에서 제시되는 일시, 장소, 비용과 같은 기본 정보는 거의 항상 묻는 내용이므로 반드시 파악해야 한다.

2. 세부 정보를 파악하라.
기본 정보를 파악한 후, 세부 정보를 파악한다. 시간대별 또는 항목별로 정보를 자세히 파악하고, 취소되거나 변경된 일정은 자주 묻는 내용이므로 반드시 파악해야 한다.

3. 기타 정보가 있는지 확인하라.
표에서 괄호 안에 있는 내용이나 표 아래 제시되는 기타 정보가 있는 경우, 질문에서 묻는 경우가 많으므로 함께 파악해야 한다.

토익스피킹
끝내주는 Tip

상황 설명, 꼭 들어야 할까?
표 읽는 시간 45초가 끝난 후 나오는 상황 설명의 경우 보통은 그저 문의 사항이 있다는 내용이므로 꼭 듣지 않아도 된다. 하지만, 자신의 이름을 말해주고 표에 그 이름이 포함되어 있다면 그것과 관련된 질문을 할 수도 있으므로 기억해 두는 것이 좋다.

예)
안녕하세요, 저는 Mark이고 이번 주 세미나에 참석해요. 자세한 정보를 알고 싶습니다.
Q9. 제 발표는 언제 시작하나요?

STEP 2

질문 제시 동안

포인트를 중심으로
질문 파악하기

Conference on Sociological Issues, August 11
Evanston Conference Hotel
Register by June 3

Time	Topic	Presenter
9:00	Welcome Address	Bradley Kuhn
10:00	Diversity in Elementary Schools	Maria Santander
11:00	Panel Discussion: The Aging Population	Tim Holt, John Pratt
12:00	Lunch (Provided at Silver Plate Restaurant)	
1:30	Immigrant Policy	Bella Donald
2:30	Hunger in Africa and What To Do	Samuel Krauss
3:30	Improving School Food for Children	Kelly Branner
4:30	Closing Remarks	Bradley Kuhn

PREPARATION TIME
00:00:03   준비 시간

핵심 전략   실전 감각 100% 채우기

질문을 들려주는 시간과 준비 시간 동안, 다음과 같이 질문을 파악
한다.

1. Q8: 의문사를 중심으로 묻는 내용을 파악하라.

Q8에서는 주로 일시, 장소, 비용과 같은 간단한 정보 두 가지를 한 번에 묻는다. 따라
서 의문사를 중심으로 묻는 내용을 모두 파악해야 한다.

2. Q9: 특정 정보가 맞는지 파악하라.

Q9에서는 주로 어떤 특정 정보가 맞는지 여부를 묻는다. 따라서 질문자가 말하는 정
보가 무엇인지, 그리고 그것이 맞는지 틀렸는지도 함께 파악해야 한다.

3. Q10: 조건이 무엇인지 파악하라.

Q10에서는 같은 시간대에 진행되는 일정이나 같은 주제와 관련된 일정 등 조건에
맞는 두세 가지 정보를 묻는다. Q10은 질문을 두 번 들려주니 처음 들려줄 때 질문
에서 묻는 정보가 무엇인지 명확히 파악하고, 'Now Listen Again'과 두 번째 음성을
들려줄 때에는 표에서 해당 정보를 찾아봐야 한다.

토익스피킹

돌려 말하는 것에 현혹되지 마라

최근 Q9에는 돌려 말하는 질문이 많이
출제되는데, 이에 현혹되지 말고 침착하
게 질문에서 묻는 내용에 대해 답변하
면 된다.

예)
*표에 점심을 제공한다고 써 있는 경우
Q9. 나는 이번에 점심을 준비 못 할 것
같아. 주변에 좋은 식당이 있니?
A9. 사실, 점심을 제공하기 때문에, 식당에
갈 필요가 없어.

예) Q8. [When] and [where] will this conference take place?

Q9. I heard that there is [a panel discussion in the afternoon]. Is that
right?

Q10. I'm interested in sessions related to education. Can you tell me
about [all the presentations on topics related to schools]?

STEP 3

답변 시간 동안
정확한 정보 답변하기

Time	Topic	Presenter
9:00	Welcome Address	Bradley Kuhn
10:00	Diversity in Elementary Schools	Maria Santander
11:00	Panel Discussion: The Aging Population	Tim Holt, John Pratt
12:00	Lunch (Provided at Silver Plate Restaurant)	
1:30	Immigrant Policy	Bella Donald
2:30	Hunger in Africa and What To Do	Samuel Krauss
3:30	Improving School Food for Children	Kelly Branner
4:30	Closing Remarks	Bradley Kuhn

Conference on Sociological Issues, August 11
Evanston Conference Hotel
Register by June 3

RESPONSE TIME
00:00:15 답변 시간

핵심 전략   실전 감각 100% 채우기

15초 또는 30초의 답변 시간 동안, 다음과 같이 답변한다.

1. Q 8: 묻는 내용에 모두 답변하라.

Q8의 경우, 파악한 내용을 바탕으로 정보를 찾고, 질문에 쓰인 표현을 활용하여 답변한다. 이때 반드시 묻는 내용에 모두 답변해야 높은 점수를 받을 수 있다.

2. Q 9: 정보가 맞는지 틀렸는지 확인하여 답변하라.

Q9의 경우, 묻는 정보가 맞는 내용인지 먼저 확인하여 답변한다. 맞는 내용인 경우 다시 한번 정보를 말해주고, 틀린 내용인 경우에는 맞는 정보를 알려준다.

3. Q 10: 조건에 맞는 내용을 빠짐없이 답변하라.

Q10의 경우, 파악한 조건에 해당하는 정보를 표에서 찾아 빠짐없이 답변한다. 두세 가지의 정보를 나열할 때는, First(첫째로), Also(또한), Finally(마지막으로)와 같은 표현을 사용하여 답변한다.

토익스피킹

끝내주는 Tip

전치사를 잊지 말자!

일시, 장소 등에 대해 주로 답변하는 Q8-10의 특성상, 답변에 다양한 전치사(in, at, on, by, about 등)가 쓰이게 된다. 정보를 찾아서 말하다 보면 빼놓기 쉬운 부분이므로, 적절한 전치사를 사용하여 답변해야 한다는 것을 잊지 않도록 하자.

예)
The conference will be held **on** August 11, and it'll take place **at** Evanston Conference Hotel.
(회의는 8월 11일에 열릴 것이고, Evanston Conference Hotel에서 열릴 것입니다.)

Q11 의견 제시하기

문제 수	준비 시간	답변 시간
1문제 (Q11)	45초	60초

평가 기준	발음, 억양 및 강세, 문법, 어휘, 일관성, 내용의 연관성 및 완성도

디렉션

특정 주제에 대한 의견을 말하게 되며, 45초의 준비 시간이 주어진 후 60초의 답변 시간이 주어질 것이라는 디렉션이 음성과 함께 화면에 제시됩니다.

> **TOEIC Speaking**
>
> **Question 11: Express an opinion**
> **Directions:** In this part, you will be asked to give your thoughts on a certain topic. It is to your advantage to speak as much as possible in the time provided. You will have 45 seconds to prepare your response and 60 seconds to speak.

01 질문 제시

질문이 음성과 함께 화면에 제시됩니다.

> **TOEIC Speaking**
>
> Do you agree or disagree with the following statement?
> *When choosing a job, you should consider employee benefits the most.*
> Give specific reasons and examples to support your opinion.

02 준비 시간

질문 음성이 끝나고 'Begin preparing now.'라는 음성이 나온 후, 45초의 준비 시간이 시작됩니다.

> **TOEIC Speaking**
>
> Do you agree or disagree with the following statement?
> *When choosing a job, you should consider employee benefits the most.*
> Give specific reasons and examples to support your opinion.
>
> PREPARATION TIME 00:00:45 ◀ 준비 시간

03 답변 시간

준비 시간이 끝나고 'Begin speaking now.'라는 음성이 나온 후, 60초의 답변 시간이 시작됩니다.

> **TOEIC Speaking**
>
> Do you agree or disagree with the following statement?
> *When choosing a job, you should consider employee benefits the most.*
> Give specific reasons and examples to support your opinion.
>
> RESPONSE TIME 00:01:00 ◀ 답변 시간

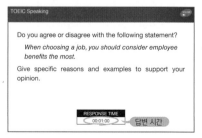

STEP 1

질문 제시 동안
질문 파악하기

TOEIC Speaking 🔊 VOLUME

Do you agree or disagree with the following statement?

When choosing a job, you should consider employee benefits the most.

Give specific reasons and examples to support your opinion.

핵심 전략 실전 감각 100% 채우기

제시된 질문을 보며 다음 내용을 파악한다.

1. 질문 유형을 파악하라.

질문이 제시되면 가장 먼저 질문 유형(찬반형, 선택형, 장·단점 질문)을 파악한다. 찬반형의 경우 'Do you agree/disagree ~?'와 같은 질문이 제시되며, 선택형의 경우 두세 가지의 선택 사항이 질문과 함께 제시된다. 장·단점 질문은 'What are the advantages/disadvantages ~?'와 같은 질문이 제시된다.

2. 묻는 내용을 파악하라.

질문 유형을 파악한 후, 질문에서 묻는 내용을 파악한다. Q11에서는 다양한 내용의 주제가 질문으로 출제되므로, 이를 정확히 파악해 두어야 적절한 답변을 할 수 있다.

토익스피킹

끝내주는 Tip

모두가 Yes일 때는 이유가 있다

Q11에서는 부정적인 주제는 거의 출제 되지 않기 때문에, 동의하거나 긍정적인 방향으로 나의 의견을 정하는 것이 말할 거리가 더 많을 가능성이 높다.

예) 찬반형 질문
Do you agree or disagree with the following statement?
When choosing a job, you should consider employee benefits the most.

선택형 질문
When learning a new work skill, do you prefer to study in a group with your colleagues, or to study and review the material by yourself?

장·단점 질문
What are the advantages a company gets by advertising their products through customer reviews?

STEP 2

준비 시간 동안

의견 정하고
이유와 근거 떠올리기

Do you agree or disagree with the following statement?

When choosing a job, you should consider employee benefits the most.

Give specific reasons and examples to support your opinion.

PREPARATION TIME

00:00:45   준비 시간

핵심 전략 실전 감각 100% 채우기

45초의 준비 시간 동안,
다음과 같이 나의 의견을 정하고 이유와 근거를 떠올린다.

1. 직관에 따라 나의 의견을 정하라.

직관적으로 말할 거리가 더 많이 떠오르는 쪽을 나의 의견으로 선택한다. 60초라는 비교적 긴 시간 동안 답변할 수 있도록, 이유 및 근거를 더 많이 말할 수 있는 의견을 정해야 한다.

2. 핵심어 위주로 이유를 떠올려라.

의견을 정한 후, 이유 두 가지를 떠올린다. 45초의 준비 시간 동안 문장 전체를 떠올리려 하기보다는 핵심어 위주로 이유를 떠올려야 한다.

3. 이유를 뒷받침할 근거를 떠올려라.

이유를 떠올린 후, 각 이유에 대한 근거(구체적인 설명, 예시)를 떠올린다. 이때도 마찬가지로 핵심어 위주로 근거를 떠올린다.

토익스피킹

**마땅한 이유가
생각나지 않을 때는?**

45초라는 준비 시간은 생각보다 짧기 때문에, 이유나 근거를 생각하기 힘들 수도 있다. 이때, 자주 쓰이는 다음의 아이디어를 알아두면 이유와 이에 대한 근거를 좀 더 쉽게 떠올릴 수 있다.

예)
– 효과적이기 때문이다.(effective)
– 도움이 되기 때문이다.(helpful)
– 효율적이기 때문이다.(efficient)
– 중요하기 때문이다.(important)

STEP 3

답변 시간 동안
의견, 이유, 근거를
템플릿에 넣어 답변하기

TOEIC Speaking

Do you agree or disagree with the following statement?

When choosing a job, you should consider employee benefits the most.

Give specific reasons and examples to support your opinion.

RESPONSE TIME
00:01:00 ── 답변 시간

핵심 전략 실전 감각 100% 채우기

60초의 답변 시간 동안,
나의 의견과 근거, 이유를 다음 템플릿에 넣어 답변한다.

나의 의견
(5초)

I (agree/disagree) that 나의 의견 **for a few reasons.**
저는 몇 가지 이유로 ~에 (동의합니다/동의하지 않습니다).

I prefer 나의 의견 **than** 반대 의견 **for a few reasons.**
저는 몇 가지 이유로 ~보다 ~을 선호합니다.

I think that 나의 의견 **for a few reasons.**
저는 몇 가지 이유로 ~이라고 생각합니다.

이유 1
+
근거
(25초)

First of all, 첫 번째 이유 첫째로, ~
To be specific, 구체적인 설명 / **For example,** 예시
구체적으로 말하면, ~입니다 / 예를 들면, ~입니다.

이유 2
+
근거
(25초)

Secondly, 두 번째 이유 둘째로, ~
To be specific, 구체적인 설명 / **For example,** 예시
구체적으로 말하면, ~입니다 / 예를 들면, ~입니다.

마무리
(5초)

Therefore, I (think/don't think) 나의 의견
그러므로, 저는 ~이라고 (생각합니다/생각하지 않습니다).

토익스피킹
끝내주는 **Tip**

할 말이 없을 때는
나의 이야기를 해라.

떠올린 이유나 근거를 말하고 나서도 답변 시간이 남는다면, 주제와 관련된 본인의 경험을 이야기하면 된다. 자신의 이야기이므로 추가로 아이디어를 떠올릴 필요도 없고, 나의 의견을 더 설득력 있게 뒷받침할 수 있다.

무료 토익·토스·오픽·지텔프 자료 제공
Hackers.co.kr

Actual TEST
01-15

Actual **TEST** 01

TOEIC Speaking

Speaking Test Directions

The TOEIC Speaking Test comprises 11 questions and evaluates a wide range of speaking skills. The entire test will take approximately 20 minutes to complete.

> **Questions 1-2 <Read a text aloud>**
> • Evaluation criteria: pronunciation, intonation and stress
>
> **Questions 3-4 <Describe a picture>**
> • Evaluation criteria: all of the above, plus grammar, vocabulary, and cohesion
>
> **Questions 5-7 <Respond to questions>**
> • Evaluation criteria: all of the above, plus relevance of content, and completeness of content
>
> **Questions 8-10 <Respond to questions using information provided>**
> • Evaluation criteria: all of the above
>
> **Question 11 <Express an opinion>**
> • Evaluation criteria: all of the above

For each question, the amount of time given for preparation and speaking will be clearly stated.

It is to your advantage to speak as much as possible in the allotted time. It is also important to speak clearly and to follow the directions carefully.

Click on **Continue** to go on.

Questions 1-2: Read a text aloud

Directions: In this part, you will be asked to read aloud the text on the screen. You will have 45 seconds to prepare. Then you will have 45 seconds to read the text out loud.

DT Custom Solutions is New York City's number one auto body repair shop. Our experienced professionals have the know-how to get every job done right. Best of all, we always provide free estimates. So, if you have a problem with your ride, don't hesitate—call DT Custom Solutions today!

PREPARATION TIME	RESPONSE TIME
00:00:45	00:00:45

As some of you may know, Derek Murphy is officially leaving Taylor and Kim at the end of the month. To thank Derek for his twenty-five excellent years of service and to say goodbye, the firm is hosting a farewell dinner. So please join us at Sal's Restaurant next Friday at seven thirty P.M.

PREPARATION TIME	RESPONSE TIME
00:00:45	00:00:45

Questions 3-4: Describe a picture

Directions: In this part, you will be asked to describe the picture on the screen in as much detail as possible. You will have 45 seconds to prepare your response. Then you will have 30 seconds to talk about the picture.

PREPARATION TIME	RESPONSE TIME
00:00:45	00:00:30

Test 01 Test 02 Test 03 Test 04 Test 05 Test 06 Test 07 Test 08 Test 09 Test 10 5일 만에 끝내는 해커스 토익스피킹 실전모의고사 15회

Questions 5-7: Respond to questions

Directions: In this part, you will be asked to answer three questions. After listening to each question, you will have three seconds to prepare your response. You will have 15 seconds to respond to Questions 5 and 6 and 30 seconds to respond to Question 7.

Imagine that a friend is in your town for a few days. You're having a phone conversation about places to go to.

Imagine that a friend is in your town for a few days. You're having a phone conversation about places to go to.

What's a good place to visit in your area, and how far is it from the bus station?

PREPARATION TIME	RESPONSE TIME
00:00:03	00:00:15

Imagine that a friend is in your town for a few days. You're having a phone conversation about places to go to.

It sounds like an interesting place. What are some things I can do there?

PREPARATION TIME	RESPONSE TIME
00:00:03	00:00:15

Imagine that a friend is in your town for a few days. You're having a phone conversation about places to go to.

If I want to buy some gifts and souvenirs, where would you suggest I go?

PREPARATION TIME	RESPONSE TIME
00:00:03	00:00:30

Questions 8-10: Respond to questions using information provided

Directions: In this part, you will be asked to refer to information on the screen in order to answer three questions. The information will be shown for 45 seconds before you hear the questions. After listening to each question, you will have three seconds to prepare your response. You will have 15 seconds to respond to Questions 8 and 9 and 30 seconds to respond to Question 10. You will hear Question 10 two times.

Park Hotel Atlanta

12 Technology Street, Atlanta
555-2137

Reservation #: 278-11-0987
Check-in Date: 06/08
Check-out Date: 06/09

Customer name: Nancy Reed
Phone: 555-9823

Description	Quantity	Charge
King Suite	1 Night	$173
Spa Package	Facial Massage x1	$95
Parking Fee	Compact Vehicle x1	$45
Wi-Fi Fee	1 Night	$20
	Total	$333

* Breakfast buffet is served from 6:30 to 9:30 each morning for $19.99 per person
**On-site restaurant, mini bar, and convenience store items may also be added to the final bill.

PREPARATION TIME
00:00:45

PREPARATION TIME	PREPARATION TIME	PREPARATION TIME
00:00:03	00:00:03	00:00:03

RESPONSE TIME	RESPONSE TIME	RESPONSE TIME
00:00:15	00:00:15	00:00:30

Question 11: Express an opinion

Directions: In this part, you will be asked to give your thoughts on a certain topic. It is to your advantage to speak as much as possible in the time provided. You will have 45 seconds to prepare your response and 60 seconds to speak.

Do you prefer to eat out at restaurants or to eat at home?

Support your answer with reasons or examples.

PREPARATION TIME
00:00:45

RESPONSE TIME
00:01:00

모범답변·해석·해설 p. 2

Actual TEST 02

🎧 AT02_Q

Speaking Test Directions

The TOEIC Speaking Test comprises 11 questions and evaluates a wide range of speaking skills. The entire test will take approximately 20 minutes to complete.

Questions 1-2 <Read a text aloud>
- Evaluation criteria: pronunciation, intonation and stress

Questions 3-4 <Describe a picture>
- Evaluation criteria: all of the above, plus grammar, vocabulary, and cohesion

Questions 5-7 <Respond to questions>
- Evaluation criteria: all of the above, plus relevance of content, and completeness of content

Questions 8-10 <Respond to questions using information provided>
- Evaluation criteria: all of the above

Question 11 <Express an opinion>
- Evaluation criteria: all of the above

For each question, the amount of time given for preparation and speaking will be clearly stated.

It is to your advantage to speak as much as possible in the allotted time. It is also important to speak clearly and to follow the directions carefully.

Click on **Continue** to go on.

Questions 1-2: Read a text aloud

Directions: In this part, you will be asked to read aloud the text on the screen. You will have 45 seconds to prepare. Then you will have 45 seconds to read the text out loud.

You have reached the law offices of Smith and Lawson. We are currently unable to answer to your call. Please leave a brief message with your name, number, and e-mail address, and we'll get back to you as soon as possible. For information about our services, you can visit www.smithlawsonlaw.com.

PREPARATION TIME	RESPONSE TIME
00:00:45	00:00:45

Thank you for choosing Mason Travels for your three-day escape to Pineford. On the first day, you will explore the town and get familiar with it. You will also learn about the thermal springs. On the second and third days, you can go shopping, hiking, or for a walk. If you have any question about the schedule, please feel free to ask at any time.

PREPARATION TIME	RESPONSE TIME
00:00:45	00:00:45

Questions 3-4: Describe a picture

Directions: In this part, you will be asked to describe the picture on the screen in as much detail as possible. You will have 45 seconds to prepare your response. Then you will have 30 seconds to talk about the picture.

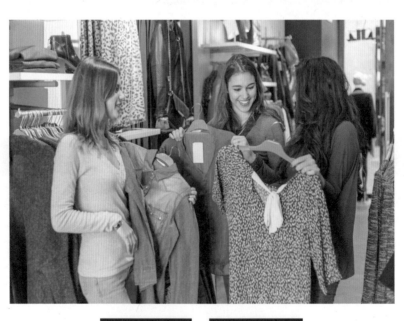

PREPARATION TIME	RESPONSE TIME
00:00:45	00:00:30

PREPARATION TIME	RESPONSE TIME
00:00:45	00:00:30

Questions 5-7: Respond to questions

Directions: In this part, you will be asked to answer three questions. After listening to each question, you will have three seconds to prepare your response. You will have 15 seconds to respond to Questions 5 and 6 and 30 seconds to respond to Question 7.

Imagine that you are talking on the telephone with a colleague. You are talking about hobbies.

Imagine that you are talking on the telephone with a colleague. You are talking about hobbies.

Who do you normally go to the movies with?

PREPARATION TIME	RESPONSE TIME
00:00:03	00:00:15

Imagine that you are talking on the telephone with a colleague. You are talking about hobbies.

Same here. How far would you travel to go to a movie theater?

PREPARATION TIME	RESPONSE TIME
00:00:03	00:00:15

Imagine that you are talking on the telephone with a colleague. You are talking about hobbies.

Let me ask you this. Would you go to movie theaters more often if they held events where you could meet directors?

PREPARATION TIME	RESPONSE TIME
00:00:03	00:00:30

Questions 8-10: Respond to questions using information provided

Directions: In this part, you will be asked to refer to information on the screen in order to answer three questions. The information will be shown for 45 seconds before you hear the questions. After listening to each question, you will have three seconds to prepare your response. You will have 15 seconds to respond to Questions 8 and 9 and 30 seconds to respond to Question 10. You will hear Question 10 two times.

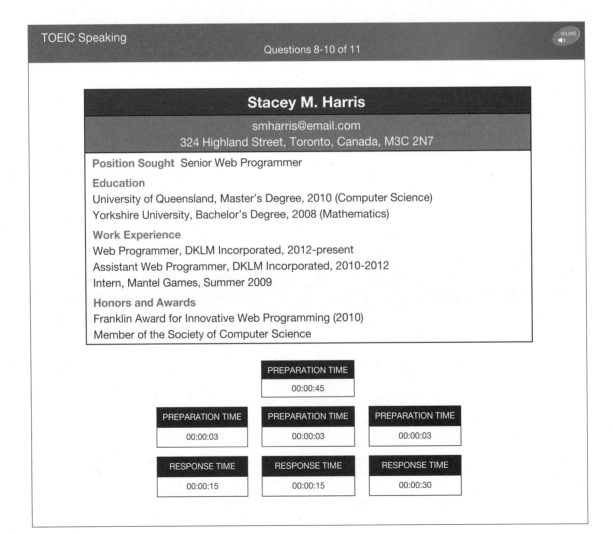

Question 11: Express an opinion

Directions: In this part, you will be asked to give your thoughts on a certain topic. It is to your advantage to speak as much as possible in the time provided. You will have 45 seconds to prepare your response and 60 seconds to speak.

Which of the following is the MOST important quality for a customer service agent?

· *Being friendly*
· *Being a good listener*
· *Being highly experienced*

Choose ONE of the options and use specific reasons and details to support your opinion.

PREPARATION TIME
00:00:45

RESPONSE TIME
00:01:00

모범답변·해석·해설 p. 9

⌒ AT03_Q

Speaking Test Directions

The TOEIC Speaking Test comprises 11 questions and evaluates a wide range of speaking skills. The entire test will take approximately 20 minutes to complete.

> **Questions 1-2 <Read a text aloud>**
> • Evaluation criteria: pronunciation, intonation and stress
>
> **Questions 3-4 <Describe a picture>**
> • Evaluation criteria: all of the above, plus grammar, vocabulary, and cohesion
>
> **Questions 5-7 <Respond to questions>**
> • Evaluation criteria: all of the above, plus relevance of content, and completeness of content
>
> **Questions 8-10 <Respond to questions using information provided>**
> • Evaluation criteria: all of the above
>
> **Question 11 <Express an opinion>**
> • Evaluation criteria: all of the above

For each question, the amount of time given for preparation and speaking will be clearly stated.

It is to your advantage to speak as much as possible in the allotted time. It is also important to speak clearly and to follow the directions carefully.

Click on **Continue** to go on.

Questions 1-2: Read a text aloud

Directions: In this part, you will be asked to read aloud the text on the screen. You will have 45 seconds to prepare. Then you will have 45 seconds to read the text out loud.

This is Chuck Boykins from Channel 8 News with your nightly weather report. Tomorrow brings another hot, humid, and sticky summer day as temperatures rise above 90 degrees, with humidity at 81 percent. Thankfully, we may also see some cloud cover and a light rain in the evening. Now let's go to Diane Barber with the traffic.

PREPARATION TIME	RESPONSE TIME
00:00:45	00:00:45

Ever wanted to get away from your everyday routine? Why not do so every Wednesday at seven P.M. from the comfort of your couch? Actress Lucy Clarke will take you with her on trips to domestic and international destinations, where she will meet the locals, eat their food, and show you around. Catch the first episode of *Lucy's Getaways* on Channel Fourteen starting next Wednesday!

PREPARATION TIME	RESPONSE TIME
00:00:45	00:00:45

Questions 3-4: Describe a picture

Directions: In this part, you will be asked to describe the picture on the screen in as much detail as possible. You will have 45 seconds to prepare your response. Then you will have 30 seconds to talk about the picture.

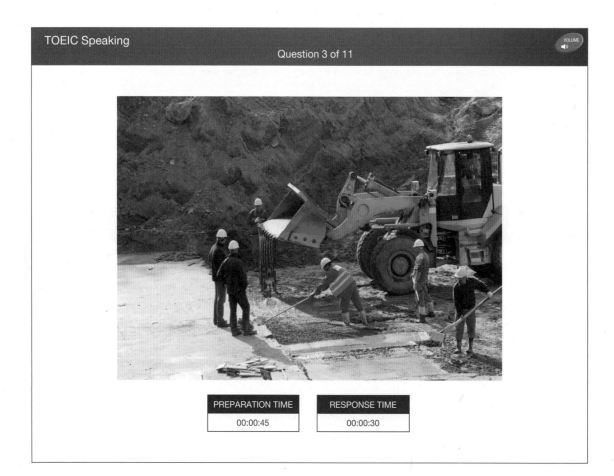

PREPARATION TIME	RESPONSE TIME
00:00:45	00:00:30

VOLUME

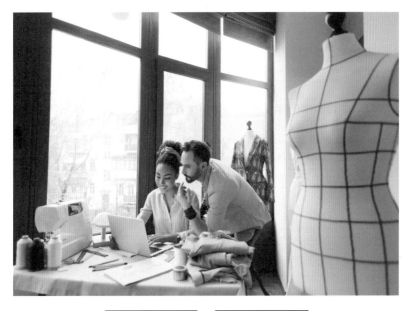

PREPARATION TIME	RESPONSE TIME
00:00:45	00:00:30

Questions 5-7: Respond to questions

Directions: In this part, you will be asked to answer three questions. After listening to each question, you will have three seconds to prepare your response. You will have 15 seconds to respond to Questions 5 and 6 and 30 seconds to respond to Question 7.

Imagine that a pet magazine is preparing an article. You have agreed to participate in a telephone interview about having pets.

Imagine that a pet magazine is preparing an article. You have agreed to participate in a telephone interview about having pets.

Do most people have pets where you live? What types of pets are popular?

PREPARATION TIME	RESPONSE TIME
00:00:03	00:00:15

Imagine that a pet magazine is preparing an article. You have agreed to participate in a telephone interview about having pets.

If you wanted to get a pet, where would you go to get one?

PREPARATION TIME	RESPONSE TIME
00:00:03	00:00:15

Imagine that a pet magazine is preparing an article. You have agreed to participate in a telephone interview about having pets.

What are some disadvantages of having pets?

PREPARATION TIME	RESPONSE TIME
00:00:03	00:00:30

Questions 8-10: Respond to questions using information provided

Directions: In this part, you will be asked to refer to information on the screen in order to answer three questions. The information will be shown for 45 seconds before you hear the questions. After listening to each question, you will have three seconds to prepare your response. You will have 15 seconds to respond to Questions 8 and 9 and 30 seconds to respond to Question 10. You will hear Question 10 two times.

A-Star Performance Hall

Shows and Performances
Autumn Schedule
Book tickets online or by phone (All tickets $30)

Band	Date	Tickets
The Blossom*	September 1	Available
Team Cloud	October 8, 9	Available
The Eleventh Star	October 15, 16	Available
Complexity	October 22, 23, 30	Sold Out
Leah and the Goofs	November 16, 17	Available

*There will be a meet-and-greet with the band after the show.

PREPARATION TIME
00:00:45

PREPARATION TIME	PREPARATION TIME	PREPARATION TIME
00:00:03	00:00:03	00:00:03

RESPONSE TIME	RESPONSE TIME	RESPONSE TIME
00:00:15	00:00:15	00:00:30

Question 11: Express an opinion

Directions: In this part, you will be asked to give your thoughts on a certain topic. It is to your advantage to speak as much as possible in the time provided. You will have 45 seconds to prepare your response and 60 seconds to speak.

When you are looking for work, what are the advantages of finding information about jobs online?

Use specific ideas and examples to support your opinion.

PREPARATION TIME
00:00:45

RESPONSE TIME
00:01:00

모범답변·해석·해설 p. 16

Actual TEST 04

TOEIC Speaking
CONTINUE

Speaking Test Directions

The TOEIC Speaking Test comprises 11 questions and evaluates a wide range of speaking skills. The entire test will take approximately 20 minutes to complete.

Questions 1-2 <Read a text aloud>
- Evaluation criteria: pronunciation, intonation and stress

Questions 3-4 <Describe a picture>
- Evaluation criteria: all of the above, plus grammar, vocabulary, and cohesion

Questions 5-7 <Respond to questions>
- Evaluation criteria: all of the above, plus relevance of content, and completeness of content

Questions 8-10 <Respond to questions using information provided>
- Evaluation criteria: all of the above

Question 11 <Express an opinion>
- Evaluation criteria: all of the above

For each question, the amount of time given for preparation and speaking will be clearly stated.

It is to your advantage to speak as much as possible in the allotted time. It is also important to speak clearly and to follow the directions carefully.

Click on **Continue** to go on.

Questions 1-2: Read a text aloud

Directions: In this part, you will be asked to read aloud the text on the screen. You will have 45 seconds to prepare. Then you will have 45 seconds to read the text out loud.

Welcome to BAC Action News. I'm Brian Walters. Our lead story tonight is the announcement that electronics manufacturer Q-Tech will open a factory here in Springvale. The state-of-the-art plant is expected to employ 400 local workers, increase tax revenue, and help renew the city's west side. For more on this, here's business reporter Kate Lee.

PREPARATION TIME	RESPONSE TIME
00:00:45	00:00:45

You've reached Carrey's Restaurant. We are currently closed. Our dining room is open Tuesdays through Sundays, from four P.M. to ten P.M. If you're interested in hiring us to cater your next event, please stay on the line and leave a message. We'll get back to you as soon as we can.

PREPARATION TIME	RESPONSE TIME
00:00:45	00:00:45

Questions 3-4: Describe a picture

Directions: In this part, you will be asked to describe the picture on the screen in as much detail as possible. You will have 45 seconds to prepare your response. Then you will have 30 seconds to talk about the picture.

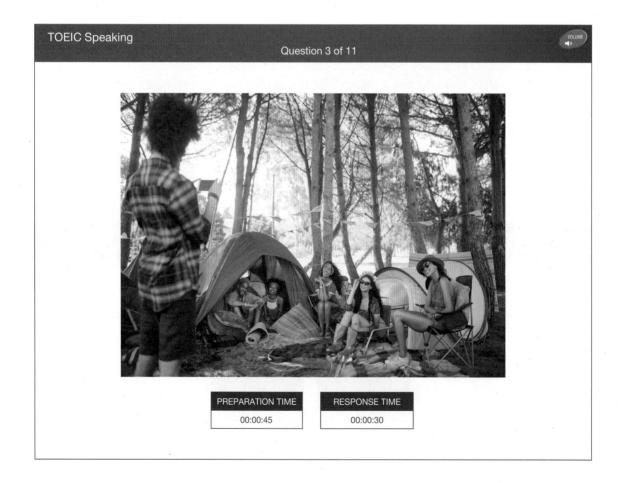

PREPARATION TIME	RESPONSE TIME
00:00:45	00:00:30

PREPARATION TIME	RESPONSE TIME
00:00:45	00:00:30

Test 01 Test 02 Test 03 **Test 04** Test 05 Test 06 Test 07 Test 08 Test 09 Test 10

5일 만에 끝내는 해커스 토익스피킹 실전모의고사 15회

Questions 5-7: Respond to questions

Directions: In this part, you will be asked to answer three questions. After listening to each question, you will have three seconds to prepare your response. You will have 15 seconds to respond to Questions 5 and 6 and 30 seconds to respond to Question 7.

TOEIC Speaking

Imagine that you are talking to a friend on the telephone. You are having a conversation about cooking.

Imagine that you are talking to a friend on the telephone. You are having a conversation about cooking.

How often do you cook, and what types of food do you usually make?

PREPARATION TIME	RESPONSE TIME
00:00:03	00:00:15

Imagine that you are talking to a friend on the telephone. You are having a conversation about cooking.

That sounds good. How long does it take you to make a meal?

PREPARATION TIME	RESPONSE TIME
00:00:03	00:00:15

Imagine that you are talking to a friend on the telephone. You are having a conversation about cooking.

I'd like to learn how to cook. Do you have suggestions about where I can learn?

PREPARATION TIME	RESPONSE TIME
00:00:03	00:00:30

Questions 8-10: Respond to questions using information provided

Directions: In this part, you will be asked to refer to information on the screen in order to answer three questions. The information will be shown for 45 seconds before you hear the questions. After listening to each question, you will have three seconds to prepare your response. You will have 15 seconds to respond to Questions 8 and 9 and 30 seconds to respond to Question 10. You will hear Question 10 two times.

Saint Paul High School 10-Year Reunion Picnic

Come join the fun!

August 23, 11 A.M.-5 P.M.
Riverside Park

TIME	EVENT	LOCATION
11:00 - 12:00	Cocktails and Catch-Up	Riverside Park Lounge
12:00 – 2:00	Lunch - Chicken and Hot Dog BBQ	Picnic Area
2:00 – 3:00	Frisbee and Kite Flying	Lower Meadow (1km south of Picnic Area)
3:00 – 4:00	Talent Show	Grainger Auditorium
4:00 - 5:00	Speeches and Slide Shows	Grainger Auditorium

* Family members, including children, are welcome.
** Please confirm whether you will attend by August 10.

PREPARATION TIME
00:00:45

PREPARATION TIME	PREPARATION TIME	PREPARATION TIME
00:00:03	00:00:03	00:00:03
RESPONSE TIME	RESPONSE TIME	RESPONSE TIME
00:00:15	00:00:15	00:00:30

Question 11: Express an opinion

Directions: In this part, you will be asked to give your thoughts on a certain topic. It is to your advantage to speak as much as possible in the time provided. You will have 45 seconds to prepare your response and 60 seconds to speak.

Do you agree or disagree with the following statement?

Employees should not be required to work overtime.

Use specific ideas and examples to support your opinion.

PREPARATION TIME
00:00:45

RESPONSE TIME
00:01:00

모범답변·해석·해설 p. 23

Actual **TEST** 05

TOEIC Speaking

Speaking Test Directions

The TOEIC Speaking Test comprises 11 questions and evaluates a wide range of speaking skills. The entire test will take approximately 20 minutes to complete.

> **Questions 1-2 <Read a text aloud>**
> • Evaluation criteria: pronunciation, intonation and stress
>
> **Questions 3-4 <Describe a picture>**
> • Evaluation criteria: all of the above, plus grammar, vocabulary, and cohesion
>
> **Questions 5-7 <Respond to questions>**
> • Evaluation criteria: all of the above, plus relevance of content, and completeness of content
>
> **Questions 8-10 <Respond to questions using information provided>**
> • Evaluation criteria: all of the above
>
> **Question 11 <Express an opinion>**
> • Evaluation criteria: all of the above

For each question, the amount of time given for preparation and speaking will be clearly stated.

It is to your advantage to speak as much as possible in the allotted time. It is also important to speak clearly and to follow the directions carefully.

Click on **Continue** to go on.

Questions 1-2: Read a text aloud

Directions: In this part, you will be asked to read aloud the text on the screen. You will have 45 seconds to prepare. Then you will have 45 seconds to read the text out loud.

Question 1 of 11

Our next speaker is Tim Jenkins. Tim is much more than a chess champion. He is also an author, a business owner, and an environmental activist. He's here to talk about the incredible work he's doing to help protect the rainforests. So please give a big round of applause for Tim Jenkins!

PREPARATION TIME	RESPONSE TIME
00:00:45	00:00:45

Question 2 of 11

Thank you for coming to the Michigan City Museum of Fine Art. I'll be your tour guide. In a moment I'll take you into the Turner Gallery, where we have a collection of landscape paintings, portraits, and sculptures. After that, we'll go up to the second floor to see the Modern Wing.

PREPARATION TIME	RESPONSE TIME
00:00:45	00:00:45

Questions 3-4: Describe a picture

Directions: In this part, you will be asked to describe the picture on the screen in as much detail as possible. You will have 45 seconds to prepare your response. Then you will have 30 seconds to talk about the picture.

PREPARATION TIME	RESPONSE TIME
00:00:45	00:00:30

PREPARATION TIME	RESPONSE TIME
00:00:45	00:00:30

Questions 5-7: Respond to questions

Directions: In this part, you will be asked to answer three questions. After listening to each question, you will have three seconds to prepare your response. You will have 15 seconds to respond to Questions 5 and 6 and 30 seconds to respond to Question 7.

Imagine that a Canadian marketing company is doing research in your country. You have agreed to participate in a telephone interview about grocery shopping.

Imagine that a Canadian marketing company is doing research in your country. You have agreed to participate in a telephone interview about grocery shopping.

How often do you go shopping for groceries, and where do you usually go?

PREPARATION TIME	RESPONSE TIME
00:00:03	00:00:15

Imagine that a Canadian marketing company is doing research in your country. You have agreed to participate in a telephone interview about grocery shopping.

And what kind of things do you usually buy there?

PREPARATION TIME	RESPONSE TIME
00:00:03	00:00:15

Imagine that a Canadian marketing company is doing research in your country. You have agreed to participate in a telephone interview about grocery shopping.

Which factor do you consider the most when you go grocery shopping?

- **Price**
- **Location**
- **Selection of foods that are available**

PREPARATION TIME	RESPONSE TIME
00:00:03	00:00:30

Questions 8-10: Respond to questions using information provided

Directions: In this part, you will be asked to refer to information on the screen in order to answer three questions. The information will be shown for 45 seconds before you hear the questions. After listening to each question, you will have three seconds to prepare your response. You will have 15 seconds to respond to Questions 8 and 9 and 30 seconds to respond to Question 10. You will hear Question 10 two times.

Travel Schedule for Jamie Anderson, Sales Manager

Sunday, October 30

9:00 A.M.	Fly to Toronto	(Flight: #578)
12:00 P.M.	Hotel Check-In	(Hilltop Hotel)
3:00 P.M.	City Sightseeing Tour	(Toronto Double-decker Tours)

Monday, October 31

9:30 A.M.	Sales Training Workshop	(JT Distributors Headquarters)
1:00 P.M.	Factory Tour	(JT Manufacturing Center)
4:00 P.M.	Sales Team Meeting	(Hilltop Hotel Conference Center)

Tuesday, November 1

12:00 P.M.	Lunch with JT Board Members	(Blue Moon Bistro)
7:00 P.M.	Orchestra Concert	(Ontario Royal Orchestra)
11:00 P.M.	Fly to Ottawa	(Flight: #397)

PREPARATION TIME
00:00:45

PREPARATION TIME	PREPARATION TIME	PREPARATION TIME
00:00:03	00:00:03	00:00:03

RESPONSE TIME	RESPONSE TIME	RESPONSE TIME
00:00:15	00:00:15	00:00:30

Question 11: Express an opinion

Directions: In this part, you will be asked to give your thoughts on a certain topic. It is to your advantage to speak as much as possible in the time provided. You will have 45 seconds to prepare your response and 60 seconds to speak.

What are the advantages of studying alone compared to studying in a group?

Give reasons and specific examples to support your opinion.

PREPARATION TIME
00:00:45

RESPONSE TIME
00:01:00

모범답변·해석·해설 p. 30

Actual TEST 06

TOEIC Speaking

Speaking Test Directions

The TOEIC Speaking Test comprises 11 questions and evaluates a wide range of speaking skills. The entire test will take approximately 20 minutes to complete.

> **Questions 1-2 <Read a text aloud>**
> • Evaluation criteria: pronunciation, intonation and stress
>
> **Questions 3-4 <Describe a picture>**
> • Evaluation criteria: all of the above, plus grammar, vocabulary, and cohesion
>
> **Questions 5-7 <Respond to questions>**
> • Evaluation criteria: all of the above, plus relevance of content, and completeness of content
>
> **Questions 8-10 <Respond to questions using information provided>**
> • Evaluation criteria: all of the above
>
> **Question 11 <Express an opinion>**
> • Evaluation criteria: all of the above

For each question, the amount of time given for preparation and speaking will be clearly stated.

It is to your advantage to speak as much as possible in the allotted time. It is also important to speak clearly and to follow the directions carefully.

Click on **Continue** to go on.

Questions 1-2: Read a text aloud

Directions: In this part, you will be asked to read aloud the text on the screen. You will have 45 seconds to prepare. Then you will have 45 seconds to read the text out loud.

Thank you for calling the main line of Lily Pad Hotel and Resort. Please listen carefully to the following menu and choose the appropriate number. Press one for the concierge, press two for the front desk, or press three for housekeeping. We are always happy to be at your service. Have a pleasant stay at Lily Pad Hotel and Resort.

PREPARATION TIME	RESPONSE TIME
00:00:45	00:00:45

Major construction work will take place on Carolina Road during the month of July. While the road will remain open to traffic, three of the four lanes will close, so there will be considerable delays. During busier times, like in the mornings, evenings, and on the weekends, drivers are advised to seek alternate routes. We will continue to post updates about this construction work.

PREPARATION TIME	RESPONSE TIME
00:00:45	00:00:45

Test 01 Test 02 Test 03 Test 04 Test 05 **Test 06** Test 07 Test 08 Test 09 Test 10 5일 만에 끝내는 해커스 토익스피킹 실전모의고사 15회

Questions 3-4: Describe a picture

Directions: In this part, you will be asked to describe the picture on the screen in as much detail as possible. You will have 45 seconds to prepare your response. Then you will have 30 seconds to talk about the picture.

PREPARATION TIME	RESPONSE TIME
00:00:45	00:00:30

VOLUME

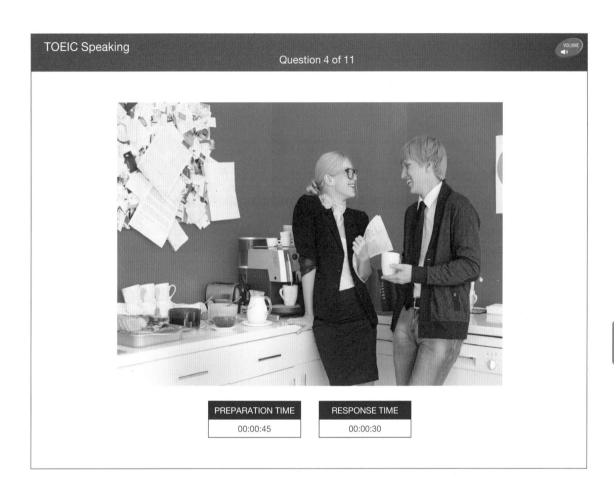

PREPARATION TIME	RESPONSE TIME
00:00:45	00:00:30

Test 01 Test 02 Test 03 Test 04 Test 05 **Test 06** Test 07 Test 08 Test 09 Test 10

5일 만에 끝내는 해커스 토익스피킹 실전모의고사 15회

Questions 5-7: Respond to questions

Directions: In this part, you will be asked to answer three questions. After listening to each question, you will have three seconds to prepare your response. You will have 15 seconds to respond to Questions 5 and 6 and 30 seconds to respond to Question 7.

Imagine that an Australian magazine is writing a report. You have agreed to participate in a telephone interview about exhibitions.

Imagine that an Australian magazine is writing a report. You have agreed to participate in a telephone interview about exhibitions.

When do you go to exhibitions, and how much time do you spend at one when you go?

PREPARATION TIME	RESPONSE TIME
00:00:03	00:00:15

Imagine that an Australian magazine is writing a report. You have agreed to participate in a telephone interview about exhibitions.

Would you ever go to the same exhibition twice?

PREPARATION TIME	RESPONSE TIME
00:00:03	00:00:15

Imagine that an Australian magazine is writing a report. You have agreed to participate in a telephone interview about exhibitions.

What are some advantages of taking a guided tour at an exhibition?

PREPARATION TIME	RESPONSE TIME
00:00:03	00:00:30

Questions 8-10: Respond to questions using information provided

Directions: In this part, you will be asked to refer to information on the screen in order to answer three questions. The information will be shown for 45 seconds before you hear the questions. After listening to each question, you will have three seconds to prepare your response. You will have 15 seconds to respond to Questions 8 and 9 and 30 seconds to respond to Question 10. You will hear Question 10 two times.

Digital Marketing Conference

July 10-11
Kingsgate Conference Center
Single day: $50   Full conference: $70

July 10		
10:00 A.M.	An Introduction to Online Marketing	Robert Elmore
12:00 P.M.	Lunch (included in the fee)	
2:00 P.M.	Lecture: Using Social Media as a Brand	Andrew Davis
3:30 P.M.	Workshop: Marketing Your Web site	Nicole Huber
July 11		
10:00 A.M.	Case Studies from Successful Social Media Campaigns	Philip Sierra
11:00 A.M.	How to Boost your Business with Big Data Analytics	Nicole Huber

PREPARATION TIME
00:00:45

PREPARATION TIME	PREPARATION TIME	PREPARATION TIME
00:00:03	00:00:03	00:00:03

RESPONSE TIME	RESPONSE TIME	RESPONSE TIME
00:00:15	00:00:15	00:00:30

Question 11: Express an opinion

Directions: In this part, you will be asked to give your thoughts on a certain topic. It is to your advantage to speak as much as possible in the time provided. You will have 45 seconds to prepare your response and 60 seconds to speak.

Do you agree or disagree with the following statement?

Young people should be well-informed about current events.

Use specific reasons and examples to support your opinion.

PREPARATION TIME
00:00:45

RESPONSE TIME
00:01:00

모범답변 · 해석 · 해설 p. 37

Actual **TEST** 07

⌒ AT07_Q

Speaking Test Directions

The TOEIC Speaking Test comprises 11 questions and evaluates a wide range of speaking skills. The entire test will take approximately 20 minutes to complete.

Questions 1-2 <Read a text aloud>
- Evaluation criteria: pronunciation, intonation and stress

Questions 3-4 <Describe a picture>
- Evaluation criteria: all of the above, plus grammar, vocabulary, and cohesion

Questions 5-7 <Respond to questions>
- Evaluation criteria: all of the above, plus relevance of content, and completeness of content

Questions 8-10 <Respond to questions using information provided>
- Evaluation criteria: all of the above

Question 11 <Express an opinion>
- Evaluation criteria: all of the above

For each question, the amount of time given for preparation and speaking will be clearly stated.

It is to your advantage to speak as much as possible in the allotted time. It is also important to speak clearly and to follow the directions carefully.

Click on **Continue** to go on.

Questions 1-2: Read a text aloud

Directions: In this part, you will be asked to read aloud the text on the screen. You will have 45 seconds to prepare. Then you will have 45 seconds to read the text out loud.

This Thursday from one to three P.M., all employees of Pearson Corporation are requested to gather for a company-wide meeting in the conference center. We will review our quarterly budget, highlight some successful past strategies, and define our goals for the next quarter. There will also be a group discussion session. This meeting is mandatory, so please do not miss it without justification.

PREPARATION TIME	RESPONSE TIME
00:00:45	00:00:45

Would everyone please take their seats? In a few minutes, we will hear opening remarks from executives of the National Trade Association's governing council, who have proudly served the organization for the past twenty years. They include chairperson Elizabeth Frank, vice chair Stephen Sotto, and CEO Valerie Tommins.

PREPARATION TIME	RESPONSE TIME
00:00:45	00:00:45

Questions 3-4: Describe a picture

Directions: In this part, you will be asked to describe the picture on the screen in as much detail as possible. You will have 45 seconds to prepare your response. Then you will have 30 seconds to talk about the picture.

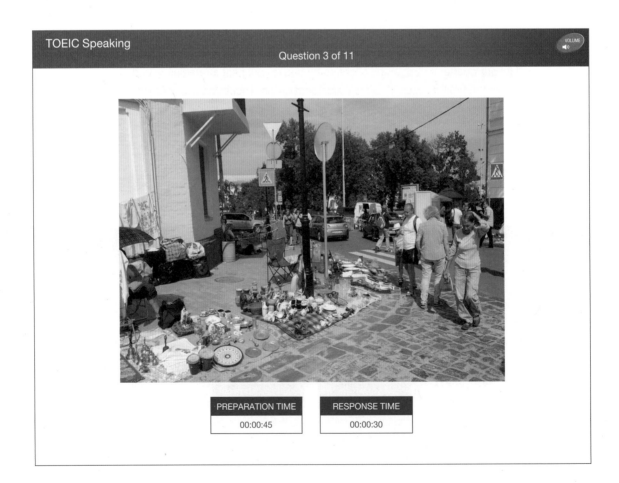

PREPARATION TIME	RESPONSE TIME
00:00:45	00:00:30

VOLUME

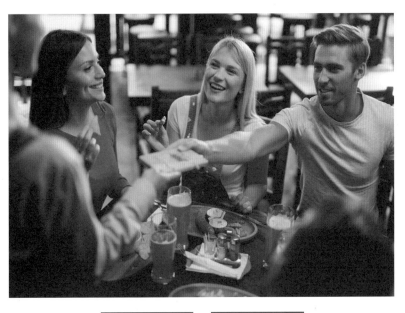

PREPARATION TIME	RESPONSE TIME
00:00:45	00:00:30

Questions 5-7: Respond to questions

Directions: In this part, you will be asked to answer three questions. After listening to each question, you will have three seconds to prepare your response. You will have 15 seconds to respond to Questions 5 and 6 and 30 seconds to respond to Question 7.

Imagine that you are talking on the telephone with a friend. You are talking about anniversaries.

Imagine that you are talking on the telephone with a friend. You are talking about anniversaries.

What is the anniversary you have celebrated most recently, and how did you celebrate it?

PREPARATION TIME	RESPONSE TIME
00:00:03	00:00:15

Imagine that you are talking on the telephone with a friend. You are talking about anniversaries.

Do you prefer to celebrate anniversaries at home or somewhere else?

PREPARATION TIME	RESPONSE TIME
00:00:03	00:00:15

Imagine that you are talking on the telephone with a friend. You are talking about anniversaries.

It's my mother's birthday soon. Do you suggest that I give her money as a gift?

PREPARATION TIME	RESPONSE TIME
00:00:03	00:00:30

Questions 8-10: Respond to questions using information provided

Directions: In this part, you will be asked to refer to information on the screen in order to answer three questions. The information will be shown for 45 seconds before you hear the questions. After listening to each question, you will have three seconds to prepare your response. You will have 15 seconds to respond to Questions 8 and 9 and 30 seconds to respond to Question 10. You will hear Question 10 two times.

Summer Fitness Courses

Student Fitness Center, Western University
9:00 A.M. – 9:00 P.M. (Monday – Saturday)

Time	Class	Location	Fee
10:00 A.M. – 11:00 A.M.	Yoga	Exercise Room 1A	$30
11:00 A.M. – 12:00 P.M.	Pilates	Exercise Room 1A	$20
12:00 P.M. – 1:00 P.M.	Aerobics (Canceled)	Gym	$40
5:00 P.M. – 6:00 P.M.	Weight Lifting	Weight Room	$20
8:00 P.M. – 9:00 P.M.	Zumba	Exercise Room 1A	$40

PREPARATION TIME
00:00:45

PREPARATION TIME	PREPARATION TIME	PREPARATION TIME
00:00:03	00:00:03	00:00:03

RESPONSE TIME	RESPONSE TIME	RESPONSE TIME
00:00:15	00:00:15	00:00:30

Question 11: Express an opinion

Directions: In this part, you will be asked to give your thoughts on a certain topic. It is to your advantage to speak as much as possible in the time provided. You will have 45 seconds to prepare your response and 60 seconds to speak.

What are the disadvantages of motivating elementary school students by giving them monetary rewards?

Give specific reasons and details to support your opinion.

PREPARATION TIME
00:00:45

RESPONSE TIME
00:01:00

모범답변·해석·해설 p. 44

Actual **TEST** 08

TOEIC Speaking	CONTINUE	VOLUME

Speaking Test Directions

The TOEIC Speaking Test comprises 11 questions and evaluates a wide range of speaking skills. The entire test will take approximately 20 minutes to complete.

> **Questions 1-2 <Read a text aloud>**
> • Evaluation criteria: pronunciation, intonation and stress
>
> **Questions 3-4 <Describe a picture>**
> • Evaluation criteria: all of the above, plus grammar, vocabulary, and cohesion
>
> **Questions 5-7 <Respond to questions>**
> • Evaluation criteria: all of the above, plus relevance of content, and completeness of content
>
> **Questions 8-10 <Respond to questions using information provided>**
> • Evaluation criteria: all of the above
>
> **Question 11 <Express an opinion>**
> • Evaluation criteria: all of the above

For each question, the amount of time given for preparation and speaking will be clearly stated.

It is to your advantage to speak as much as possible in the allotted time. It is also important to speak clearly and to follow the directions carefully.

Click on **Continue** to go on.

Questions 1-2: Read a text aloud

Directions: In this part, you will be asked to read aloud the text on the screen. You will have 45 seconds to prepare. Then you will have 45 seconds to read the text out loud.

Wondering how to make your Web site stand out? If you want to attract more customers to your Web site, worry no more! Todd's Web Designs will help you create the best design for private blogs, portfolios, or business Web sites. Give us a call for a free consultation at 555-1402.

PREPARATION TIME	RESPONSE TIME
00:00:45	00:00:45

This Saturday is the annual festival of the Smithsdale Art District. The festival includes an art walk, a meet-and-greet with your favorite artists, and even a food truck area in case you get hungry afterwards. It is free of charge, and everyone is welcome to bring friends and family. The festival will kick off with a guided tour of some featured art galleries.

PREPARATION TIME	RESPONSE TIME
00:00:45	00:00:45

Questions 3-4: Describe a picture

Directions: In this part, you will be asked to describe the picture on the screen in as much detail as possible. You will have 45 seconds to prepare your response. Then you will have 30 seconds to talk about the picture.

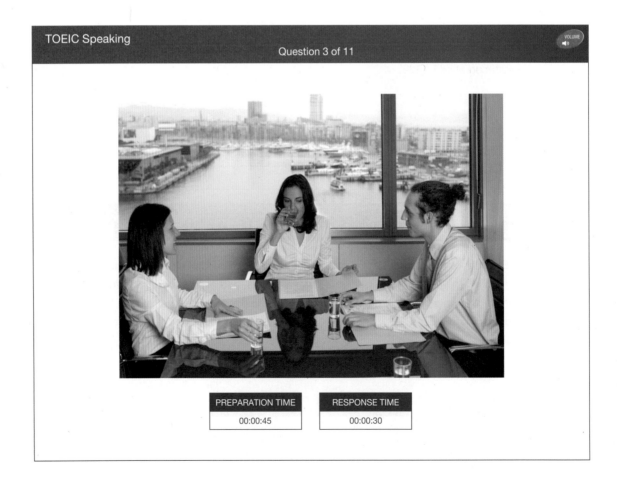

PREPARATION TIME	RESPONSE TIME
00:00:45	00:00:30

VOLUME

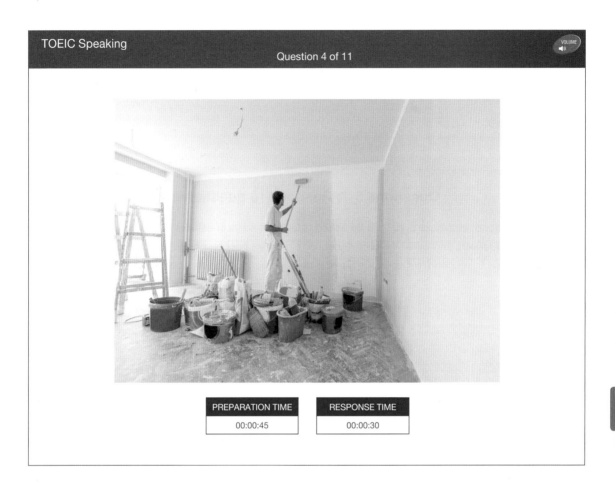

PREPARATION TIME	RESPONSE TIME
00:00:45	00:00:30

Test 01　Test 02　Test 03　Test 04　Test 05　Test 06　Test 07　Test 08　Test 09　Test 10　5일 만에 끝내는 해커스 토익스피킹 실전모의고사 15회

Questions 5-7: Respond to questions

Directions: In this part, you will be asked to answer three questions. After listening to each question, you will have three seconds to prepare your response. You will have 15 seconds to respond to Questions 5 and 6 and 30 seconds to respond to Question 7.

Imagine that a radio station is preparing a story about home furnishing. You have agreed to participate in a telephone interview about furniture.

Imagine that a radio station is preparing a story about home furnishing. You have agreed to participate in a telephone interview about furniture.

What was the last piece of furniture you bought, and when did you buy it?

PREPARATION TIME	RESPONSE TIME
00:00:03	00:00:15

Imagine that a radio station is preparing a story about home furnishing. You have agreed to participate in a telephone interview about furniture.

How do you get information about furniture?

PREPARATION TIME	RESPONSE TIME
00:00:03	00:00:15

Imagine that a radio station is preparing a story about home furnishing. You have agreed to participate in a telephone interview about furniture.

Do you prefer to buy furniture online or from an offline store? Why?

PREPARATION TIME	RESPONSE TIME
00:00:03	00:00:30

Questions 8-10: Respond to questions using information provided

Directions: In this part, you will be asked to refer to information on the screen in order to answer three questions. The information will be shown for 45 seconds before you hear the questions. After listening to each question, you will have three seconds to prepare your response. You will have 15 seconds to respond to Questions 8 and 9 and 30 seconds to respond to Question 10. You will hear Question 10 two times.

Jefferson Publishing

Interview Schedule
April 19, Conference Room

Time	Name of Applicant	Position	Experience
9:30 A.M.	Jonathan Parry	Junior Editor	8 months
10:30 A.M.	Krish Reed	Sales Assistant	7 months
11:30 A.M.	Ronny Lopez	Human Resources Assistant	2 months
1:30 P.M.	Mason Woodcock	Marketing Manager	6 years
2:30 P.M.	Sam Wong	Accountant	1 year 2 months
3:30 P.M.	Nicole Baxter	Web Content Executive	11 years 7 months
4:30 P.M.	Julie Hartman	Marketing Manager	4 years 9 months

PREPARATION TIME
00:00:45

PREPARATION TIME	PREPARATION TIME	PREPARATION TIME
00:00:03	00:00:03	00:00:03

RESPONSE TIME	RESPONSE TIME	RESPONSE TIME
00:00:15	00:00:15	00:00:30

Question 11: Express an opinion

Directions: In this part, you will be asked to give your thoughts on a certain topic. It is to your advantage to speak as much as possible in the time provided. You will have 45 seconds to prepare your response and 60 seconds to speak.

Do you agree or disagree with the following statement?

For new employees, it is more important to get acquainted with colleagues and supervisors than to do anything else.

Use specific reasons and examples to support your opinion.

PREPARATION TIME
00:00:45

RESPONSE TIME
00:01:00

모범답변·해석·해설 p. 51

Actual **TEST** 09

Speaking Test Directions

The TOEIC Speaking Test comprises 11 questions and evaluates a wide range of speaking skills. The entire test will take approximately 20 minutes to complete.

> **Questions 1-2 <Read a text aloud>**
> • Evaluation criteria: pronunciation, intonation and stress
>
> **Questions 3-4 <Describe a picture>**
> • Evaluation criteria: all of the above, plus grammar, vocabulary, and cohesion
>
> **Questions 5-7 <Respond to questions>**
> • Evaluation criteria: all of the above, plus relevance of content, and completeness of content
>
> **Questions 8-10 <Respond to questions using information provided>**
> • Evaluation criteria: all of the above
>
> **Question 11 <Express an opinion>**
> • Evaluation criteria: all of the above

For each question, the amount of time given for preparation and speaking will be clearly stated.

It is to your advantage to speak as much as possible in the allotted time. It is also important to speak clearly and to follow the directions carefully.

Click on **Continue** to go on.

Questions 1-2: Read a text aloud

Directions: In this part, you will be asked to read aloud the text on the screen. You will have 45 seconds to prepare. Then you will have 45 seconds to read the text out loud.

Attention all visitors to Hartford Department Store. This announcement is about our holiday sale. On the second floor, you'll find all cosmetic brands being sold at a 30 percent discount. In addition, casual, business, and formal women's attire sold on the third through sixth floors is being offered at a 20 percent discount. We hope you enjoy your time shopping at Hartford Department Store.

PREPARATION TIME	RESPONSE TIME
00:00:45	00:00:45

You have reached Elliot Animal Hospital. We can't answer your call right now. If your pet needs immediate care for a life-threatening condition, hang up and call the emergency hotline. Otherwise, please leave a message with your name, number, and a description of your pet's symptoms, and we will get back to you as soon as possible. Thank you, and have a pleasant day.

PREPARATION TIME	RESPONSE TIME
00:00:45	00:00:45

Questions 3-4: Describe a picture

Directions: In this part, you will be asked to describe the picture on the screen in as much detail as possible. You will have 45 seconds to prepare your response. Then you will have 30 seconds to talk about the picture.

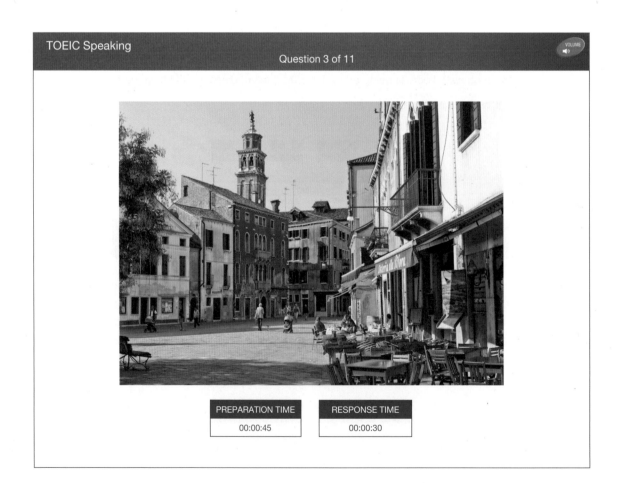

PREPARATION TIME	RESPONSE TIME
00:00:45	00:00:30

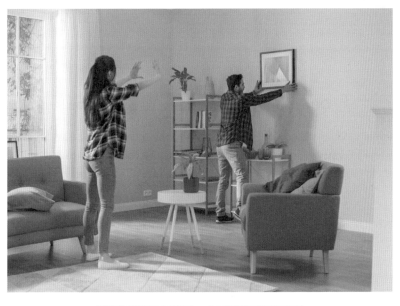

PREPARATION TIME	RESPONSE TIME
00:00:45	00:00:30

Test 01 Test 02 Test 03 Test 04 Test 05 Test 06 Test 07 Test 08 **Test 09** Test 10 5일 만에 끝내는 해커스 토익스피킹 실전모의고사 15회

Questions 5-7: Respond to questions

Directions: In this part, you will be asked to answer three questions. After listening to each question, you will have three seconds to prepare your response. You will have 15 seconds to respond to Questions 5 and 6 and 30 seconds to respond to Question 7.

Imagine that a sociology professor is doing research. You have agreed to participate in a telephone interview about keeping fit.

Imagine that a sociology professor is doing research. You have agreed to participate in a telephone interview about keeping fit.

When was the last time you went to a fitness center, and how often do you go?

PREPARATION TIME	RESPONSE TIME
00:00:03	00:00:15

Imagine that a sociology professor is doing research. You have agreed to participate in a telephone interview about keeping fit.

If a new fitness center opened in your area, would you work out more often? Why or why not?

PREPARATION TIME	RESPONSE TIME
00:00:03	00:00:15

Imagine that a sociology professor is doing research. You have agreed to participate in a telephone interview about keeping fit.

Which of the following is the most important to you when choosing a gym to join?

- **Competent trainers**
- **Monthly fees**
- **Facilities**

PREPARATION TIME	RESPONSE TIME
00:00:03	00:00:30

Test 01 Test 02 Test 03 Test 04 Test 05 Test 06 Test 07 Test 08 Test 09 Test 10 5일 만에 끝내는 해커스 토익스피킹 실전모의고사 15회

Questions 8-10: Respond to questions using information provided

Directions: In this part, you will be asked to refer to information on the screen in order to answer three questions. The information will be shown for 45 seconds before you hear the questions. After listening to each question, you will have three seconds to prepare your response. You will have 15 seconds to respond to Questions 8 and 9 and 30 seconds to respond to Question 10. You will hear Question 10 two times.

~ Tour of Paris ~
Bon Voyage Tour Company

Day 1
- 9:00 A.M. – Arrive in Paris (Air France 383)
- 11:00 A.M. – Hotel check-in (Grand Hotel*)
- 1:00 P.M. – Go to the Louvre Museum
- 7:00 P.M. – Cruise on the Seine River

Day 2
- 9:00 A.M. – Visit the Champs-Élysées
- 10:00 A.M. – See the Rodin Museum and the Eiffel Tower
- Free time in the afternoon and evening

Day 3
- 11:00 A.M. – Check out of hotel
- 12:00 P.M. – Eat lunch
- 2:00 P.M. – Visit Notre Dame Cathedral
- 3:00 P.M. – Head to airport (depart on Air France 241)

* Wi-Fi available in all guest rooms.

PREPARATION TIME
00:00:45

PREPARATION TIME	PREPARATION TIME	PREPARATION TIME
00:00:03	00:00:03	00:00:03
RESPONSE TIME	RESPONSE TIME	RESPONSE TIME
00:00:15	00:00:15	00:00:30

Question 11: Express an opinion

Directions: In this part, you will be asked to give your thoughts on a certain topic. It is to your advantage to speak as much as possible in the time provided. You will have 45 seconds to prepare your response and 60 seconds to speak.

Which is a more challenging aspect when you are working: getting a heavier workload or getting a new boss?

Give specific reasons and details to support your opinion.

PREPARATION TIME
00:00:45

RESPONSE TIME
00:01:00

모범답변·해석·해설 p. 58

Actual **TEST 10**

Speaking Test Directions

The TOEIC Speaking Test comprises 11 questions and evaluates a wide range of speaking skills. The entire test will take approximately 20 minutes to complete.

Questions 1-2 <Read a text aloud>
- Evaluation criteria: pronunciation, intonation and stress

Questions 3-4 <Describe a picture>
- Evaluation criteria: all of the above, plus grammar, vocabulary, and cohesion

Questions 5-7 <Respond to questions>
- Evaluation criteria: all of the above, plus relevance of content, and completeness of content

Questions 8-10 <Respond to questions using information provided>
- Evaluation criteria: all of the above

Question 11 <Express an opinion>
- Evaluation criteria: all of the above

For each question, the amount of time given for preparation and speaking will be clearly stated.

It is to your advantage to speak as much as possible in the allotted time. It is also important to speak clearly and to follow the directions carefully.

Click on **Continue** to go on.

Questions 1-2: Read a text aloud

Directions: In this part, you will be asked to read aloud the text on the screen. You will have 45 seconds to prepare. Then you will have 45 seconds to read the text out loud.

The long-awaited reopening of Comfort Spa is Friday, June 20! Sit back in a comfortable chair, close your eyes for a minute or two, and feel your stress disappear. Comfort Spa's friendly and professional staff members are ready to help you relax! Don't hesitate and make your reservation now.

PREPARATION TIME	RESPONSE TIME
00:00:45	00:00:45

Attention, passengers. We will begin to serve dinner shortly. You have three options to choose from as your main dish. Please select from beef with potatoes, chicken and vegetables, or tomato pasta. Let a crew member know of your selection when they come to your aisle.

PREPARATION TIME	RESPONSE TIME
00:00:45	00:00:45

Test 01 Test 02 Test 03 Test 04 Test 05 Test 06 Test 07 Test 08 Test 09 **Test 10**

5일 만에 끝내는 해커스 토익스피킹 실전모의고사 15회

Questions 3-4: Describe a picture

Directions: In this part, you will be asked to describe the picture on the screen in as much detail as possible. You will have 45 seconds to prepare your response. Then you will have 30 seconds to talk about the picture.

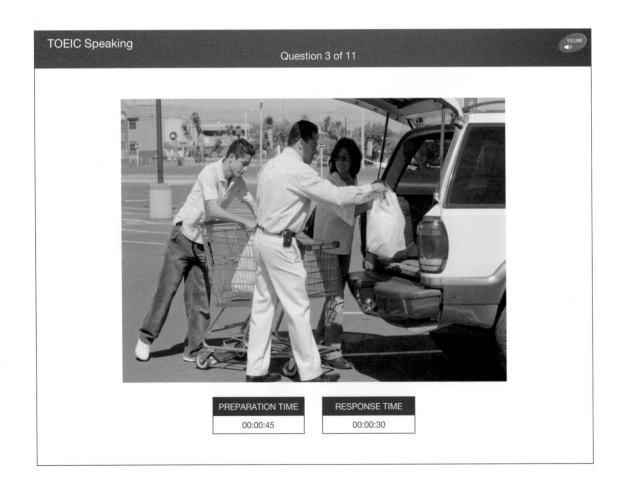

PREPARATION TIME	RESPONSE TIME
00:00:45	00:00:30

VOLUME

PREPARATION TIME	RESPONSE TIME
00:00:45	00:00:30

Questions 5-7: Respond to questions

Directions: In this part, you will be asked to answer three questions. After listening to each question, you will have three seconds to prepare your response. You will have 15 seconds to respond to Questions 5 and 6 and 30 seconds to respond to Question 7.

Imagine that a tech company is doing research. You have agreed to participate in a telephone interview about navigation devices.

Imagine that a tech company is doing research. You have agreed to participate in a telephone interview about navigation devices.

How often do you use a navigation device? How long have you used it?

PREPARATION TIME	RESPONSE TIME
00:00:03	00:00:15

Imagine that a tech company is doing research. You have agreed to participate in a telephone interview about navigation devices.

And where was the last place you went using a navigation device?

PREPARATION TIME	RESPONSE TIME
00:00:03	00:00:15

Imagine that a tech company is doing research. You have agreed to participate in a telephone interview about navigation devices.

Do you think more people will use navigation devices in the future than they do now? Why or why not?

PREPARATION TIME	RESPONSE TIME
00:00:03	00:00:30

Test 01 Test 02 Test 03 Test 04 Test 05 Test 06 Test 07 Test 08 Test 09 **Test 10** 5일 만에 끝내는 해커스 토익스피킹 실전모의고사 15회

Questions 8-10: Respond to questions using information provided

Directions: In this part, you will be asked to refer to information on the screen in order to answer three questions. The information will be shown for 45 seconds before you hear the questions. After listening to each question, you will have three seconds to prepare your response. You will have 15 seconds to respond to Questions 8 and 9 and 30 seconds to respond to Question 10. You will hear Question 10 two times.

Devon Company		
Monthly Board Meeting		
2:00 P.M. – 5:30 P.M. Tuesday, December 12		
Time	**Agenda**	**Speaker**
2:00 P.M.	Opening Address	Marlene Bone
2:30 P.M.	Agenda Overview	Marlene Bone
3:00 P.M.	~~Awards and Recognitions~~ ~~-Outstanding Employee of the Month~~ *canceled*	Enrique Davenport
3:20 P.M.	Marketing Project Update • Purpose and Goals • Specific Strategies • Customer Responses	Tommy Owen
4:00 P.M.	Financial Report	Paul Houghton
4:30 P.M.	Sales Review	Tommy Owen
5:00 P.M.	Presentation: Case Study on Successful Sales Strategies	Alanis Campbell

PREPARATION TIME
00:00:45

PREPARATION TIME	PREPARATION TIME	PREPARATION TIME
00:00:03	00:00:03	00:00:03
RESPONSE TIME	RESPONSE TIME	RESPONSE TIME
00:00:15	00:00:15	00:00:30

Question 11: Express an opinion

Directions: In this part, you will be asked to give your thoughts on a certain topic. It is to your advantage to speak as much as possible in the time provided. You will have 45 seconds to prepare your response and 60 seconds to speak.

What are some advantages of living in the same town for a long time?

Use specific ideas and examples to support your opinion.

PREPARATION TIME
00:00:45

RESPONSE TIME
00:01:00

모범답변 · 해석 · 해설 p. 65

5일 만에 끝내는 해커스 토익스피킹 실전모의고사 15회

무료 토익·토스·오픽·지텔프 자료 제공

Hackers.co.kr

결정적인 순간에 필요한

토익스피킹
필수 표현 300

Q3-4에서 활용할 수 있는 필수 표현을 암기하여 답변 시 더욱 풍부하게 답변해보세요.

▌장소 관련 표현

01	in front of a fountain	분수 앞에서
02	in a clothing store	옷 가게 안에서
03	at a construction site	건설 현장에서
04	in an office	사무실에서
05	at a plaza in an old town	오래된 도시의 광장에서
06	in a parking lot	주차장에서
07	an outdoor market in a town	도시에 있는 야외 시장
08	in a shopping district	상점가에서
09	in a downtown area	시내에서
10	at a crosswalk	횡단보도에서

▌외모 및 복장 관련 표현

11	has long hair	긴 머리이다
12	has bangs	앞머리가 있다
13	has a ponytail	뒤로 묶은 머리이다
14	has his/her hair in a bun	쪽 찐 머리이다
15	have his/her hair down	머리를 늘어뜨리다
16	has a beard	턱수염이 있다
17	a woman with dark, curly hair	짙은색 곱슬머리의 여자
18	a woman with blond hair	금발머리의 여자
19	has on a brown jacket	갈색 재킷을 입은
20	has on a checkered shirt	체크무늬 셔츠를 입은
21	dressed in a white T-shirt	흰색 티셔츠를 입은
22	wearing jeans	청바지를 입은
23	wearing a long-sleeved shirt	긴 소매 셔츠를 입은
24	wearing working clothes	작업복을 입은
25	wearing bright shorts	밝은 색의 반바지를 입은

26	wearing hats and gloves	모자를 쓰고 장갑을 낀
27	wearing a headscarf	머리에 쓰는 스카프를 한
28	wearing a backpack	배낭을 멘
29	wearing warm clothes	따뜻한 옷을 입은

▌동작 관련 표현

30	arm in arm	팔짱을 낀
31	holding hands	손을 잡고 있는
32	holding up clothes	옷을 들고 있는
33	sitting on the man's lap	남자의 무릎에 앉아 있는
34	smiling at each other	서로 마주보고 웃는
35	sitting across from each other	서로 마주보고 앉아 있는
36	with his/her legs crossed	다리를 꼬고 있는
37	resting his/her arm	팔을 얹고 있는
38	raising his/her hand	손을 들고 있는
39	checking out books	책을 대출하는
40	touring together	함께 돌아다니는
41	looking through a bag	가방을 살펴보는
42	taking a walk	산책을 하는
43	amused by	~에 즐거워하는
44	leaning over the railing	난간에 기댄
45	relaxing in the sun	햇볕을 쬐며 쉬는
46	talking on the phone	전화 통화를 하는
47	crossing a street	길을 건너는
48	watching a street performance	거리 공연을 보는
49	standing by a huge tree	큰 나무 근처에 서 있는
50	working at a construction site	건설 현장에서 작업하는

51	working using shovels	삽을 사용해서 작업하는
52	drinking from his/her glass	유리잔에 든 것을 마시는
53	going in various directions	여러 방향으로 가는
54	lay over	~에 놓는
55	enjoying oneself	즐거운 시간을 보내는
56	having fun shopping	즐겁게 쇼핑을 하는
57	walking down a path	길을 걷고 있는
58	having a meeting at work	직장에서 회의를 하는
59	looking at something	무언가를 보는
60	loading some plastic bags	비닐봉지 몇 개를 싣는
61	finishing up grocery shopping	식료품 쇼핑을 끝낸
62	spending time at the riverfront	강가에서 시간을 보내는

▌배경 및 사물 관련 표현

63	lining the walkway	보도에 줄지어 있는
64	hanging from the window	창문에 매달린
65	leading up to	~로 향하는
66	sticking out	튀어나온
67	see through the window	창문을 통해 보이는
68	displayed on the sidewalk	보도에 진열된
69	laid out on the ground	바닥에 펼쳐진
70	filled with groceries	식료품으로 가득 찬
71	crowded with	~로 붐비는
72	arranged on shelves	선반에 정리된
73	near the ceiling	천장 가까이에
74	three stories high	3층 높이의
75	a traffic sign	교통 표지판

76	an open book	펼쳐진 책
77	a steel bridge	철제 다리
78	a potted plant	화분
79	a clothes rack	옷걸이
80	a baby stroller	유모차
81	some lampposts	가로등 몇 개
82	an airport luggage cart	공항 짐수레
83	a few boats and docks	몇 대의 보트와 부두
84	wooden tables and chairs	나무 식탁과 의자
85	water streams shooting up	솟아오르는 물줄기
86	a lot of dirt piled up	많이 쌓여 있는 흙
87	an awning with writing on it	글자가 써진 차양
88	some paper on the desk	책상 위의 종이 몇 장
89	fallen leaves on the ground	땅바닥 위의 낙엽
90	a shirt with a scarf on it	스카프가 달린 셔츠
91	a window with curtains	커튼이 있는 창문
92	electric outlets on the wall	벽에 있는 전기 콘센트
93	various items on the shelves	선반 위의 다양한 물건
94	a building with many windows	창문이 많은 건물
95	a row of buildings	한 줄로 늘어선 건물들

▌느낌 및 의견 관련 표현

96	a chilly winter day	추운 겨울날
97	a calm afternoon	조용한 오후
98	a scene from an airport	공항에서의 한 장면
99	a nice day to be outside	외출하기에 좋은 날
100	an ordinary day in a city	도시의 평범한 하루

5일 만에 끝나는 해커스 토익스피킹 실전모의고사 15회

Q5-7 질문에 답하기

Q5-7에서 활용할 수 있는 필수 표현을 암기하여 답변 시 더욱 풍부하게 답변해보세요.

▍실생활 관련 표현

01	volunteer work	자원봉사 활동
02	community activities	커뮤니티 활동
03	a special location	특별한 장소
04	a movie director	영화 감독
05	get injured	다치다
06	get tanned	선탠을 하다
07	get into	~에 흥미를 갖다
08	get rid of	~을 없애다
09	get done	~을 마치다
10	eat out	외식하다
11	tend to	~한 경향이 있다
12	in public	사람들이 있는 곳에서
13	make easier	더 쉽게 하다
14	have a bite	간단히 요기를 하다
15	look on websites	웹사이트를 구경하다
16	have company	일행이 있다
17	have a shared experience	공통의 경험을 가지다
18	take my time	천천히 하다
19	find directions	길을 찾다
20	would go more often	더 자주 갈 것이다
21	plan a surprise party	깜짝 파티를 계획하다
22	feel the atmosphere	분위기를 느끼다
23	commute by bus	버스로 통근하다
24	have fewer constraints	제약이 더 적다
25	take a break	휴식을 취하다
26	read a magazine	잡지를 읽다

27	hang out with friends	친구들과 어울리다
28	chat with neighbors	이웃들과 이야기하다
29	make a phone call	전화 통화를 하다
30	keep a record of	기록해 두다
31	keep up to date	근황을 알다
32	make notes of	~을 메모하다
33	well-spent	(시간·돈이) 잘 쓰인
34	on a daily basis	매일
35	every other day	이틀마다
36	right after	~한 직후에
37	with the help of	~의 도움으로
38	it's a good idea to	~하는 것은 좋은 방안이다

▍취미 관련 표현

39	a soap opera	드라마
40	work out	운동하다
41	find boring	지루하다
42	take classes	수업을 듣다
43	reserve a seat	좌석을 예약하다
44	go to the movies	영화를 보러 가다
45	go to an exhibition	전시회에 가다
46	understand better	더 잘 이해하다
47	run on the treadmill	러닝머신에서 달리다

▍여행 및 여가 관련 표현

48	spend hours browsing	둘러보는 데 시간을 쓰다
49	around two hours long	두 시간 정도 길이인
50	a 30-minute car ride	차로 30분 거리

51	a family vacation	가족 휴가
52	go to the beach	해변에 가다
53	book a hotel	호텔을 예약하다
54	travel by train	기차로 여행하다
55	find activities to do	할 활동들을 찾다
56	travel up to an hour	한 시간까지 가다
57	plan ahead of time	미리 계획하다
58	enrich an experience	경험을 풍부하게 하다
59	make more memorable	더 잊을 수 없게 하다
60	feel refreshed	생기를 되찾다
61	in my free time	여가 시간에
62	fun for everyone	모두에게 재미있는

▌제품 관련 표현

63	daily necessities	생필품
64	a navigation device	내비게이션 기기
65	casual clothes	평상복
66	a dozen or so	10여 개의
67	be more portable	휴대가 더 쉽다
68	be cheaper to buy	구매하기 더 저렴하다
69	fit well	잘 맞다
70	carry around	가지고 다니다
71	look good with	~과 잘 어울리다
72	have more options	더 많은 선택권을 가지다
73	take up space	공간을 차지하다
74	find information online	온라인으로 정보를 찾다
75	get for less money	더 적은 돈으로 사다

76	assemble the furniture	가구를 조립하다
77	in style these days	요즘 유행하는
78	a wide variety of	다양한 종류의
79	safe to use	사용하기에 안전한
80	well taken care of	잘 관리되어진
81	ranging from A to B	A부터 B까지 걸친
82	on a single device	하나의 기기로
83	on my mobile phone	내 휴대전화에

▌서비스 관련 표현

84	additional information	부가적인 정보
85	a furniture dealer	가구 대리점
86	a fancy restaurant	고급 레스토랑
87	a convenience store	편의점
88	a guided tour	가이드 투어
89	be more convenient	더 편리하다
90	have nice facilities	좋은 시설을 갖추다
91	matter the most	가장 중요하다
92	improve service	서비스를 향상하다
93	give explanations	설명을 해 주다
94	get answers right away	곧바로 답을 얻다
95	check a review	후기를 확인하다
96	sign up for updates	최신 정보를 신청하다
97	browse a shopping mall	쇼핑몰을 둘러보다
98	overflow with	~로 넘치다
99	easy to compare	비교하기 쉬운
100	close to my house	우리 집에서 가까운

Q11 의견 제시하기

Q11에서 활용할 수 있는 필수 표현을 암기하여 답변 시 더욱 풍부하게 답변해보세요.

▌직장 관련 표현

01	job opening	구인 공고	27	speak in person	직접 말하다
02	work attitude	업무 태도	28	try to solve problems	문제를 해결하려고 하다
03	work colleagues	직장 동료들	29	evaluate an employee	직원을 평가하다
04	working conditions	근무 조건	30	have easy access	접근이 용이하다
05	heavier workload	더 많은 업무량	31	manage a company	회사를 운영하다
06	monetary reward	금전적 보상	32	socially respected	사회적으로 존경받는
07	higher productivity	더 높은 생산성	33	have an aptitude for	~에 소질이 있다
08	overall work efficiency	전반적인 업무 효율성	34	make a contribution to	~에 기여하다
09	employee satisfaction	직원의 만족	35	rely on	~에 의존하다
10	a real challenge	정말 힘든 일	36	encounter a crisis	위기에 직면하다
11	a horizontal relationship	수평적인 관계	37	time-consuming	시간이 걸리는
12	important attribute	중요한 자질	38	highly professional	매우 전문적인
13	side-by-side	나란히	39	build his/her career	경력을 쌓다
14	be vital to	~에 필수적이다	40	view when it is convenient	편리할 때 보다
15	be used to	~에 익숙하다	41	give objective feedback	객관적인 의견을 주다
16	be good at your jobs	업무를 잘하다	42	become responsible for	~에 책임을 지다
17	be in the middle of	~을 하는 중이다	43	make the situation worse	상황을 더 나쁘게 만들다
18	motivate to	~하도록 동기부여 하다	44	boost employee morale	직원의 사기를 높이다
19	stay longer	더 오래 머무르다	45	achieve a shared goal	공동의 목표를 성취하다
20	stress out	~에게 스트레스를 주다	46	enhance a public image	대외 이미지를 향상시키다
21	pay attention to	~에 주의를 기울이다			

▌교육 관련 표현

22	get ahead	앞서나가다	47	character formation	성격 형성
23	get a reward	보상을 받다	48	firsthand experience	직접적인 경험
24	get a new boss	새로운 상사가 오다	49	level of education	교육 수준
25	get acquainted with	~와 가까워지다	50	be in a group setting	그룹 환경에 있다
26	make a decision	결정을 내리다	51	cooperate with	~와 협력하다

52	do the right thing	옳은 일을 하다
53	listen carefully	주의 깊게 듣다
54	learn social behavior	사회적 행동을 배우다
55	make new friends	새로운 친구를 사귀다
56	get along with	~와 잘 지내다
57	give the wrong idea	잘못된 개념을 주다
58	teach one-on-one	아이들을 일대일로 지도하다
59	form a good habit	좋은 습관을 형성하다
60	study on one's own	스스로 공부하다
61	interact with their peers	또래와 교감하다
62	mentally strong	정신적으로 강한
63	based on his/her morals	~의 윤리에 근거한

▌일상 관련 표현

64	current event	시사 문제
65	common ground	공통점
66	primary concern	주된 관심사
67	a spending plan	소비 계획
68	demand for	~에 대한 수요
69	compared to	~에 비해
70	shy away	피하다
71	build a relationship	관계를 형성하다
72	feel relaxed	편안하게 느끼다
73	stay positive	긍정적인 상태를 유지하다
74	set aside time	따로 시간을 내다
75	used all day	하루 종일 사용되는
76	reluctant to	~을 주저하는

77	spend money and time	시간과 돈을 쓰다
78	cause different outcomes	다른 결과를 가져오다
79	may choose to oppose	반대할 수도 있다
80	convenient for both A and B	A와 B 모두에게 편리한
81	at once	한 번에
82	be well-informed about	~에 대해 잘 알다

▌인터넷 및 통신 관련 표현

83	be available online	온라인으로 이용할 수 있다
84	keep track of	~을 기록하다
85	technologically advanced	기술적으로 진보된
86	post on the Web	인터넷에 게시하다
87	spread quickly	빠르게 퍼지다
88	communicate by e-mail	이메일로 의사소통하다
89	gain extra information	추가 정보를 얻다
90	attach multiple files	여러 개의 파일을 첨부하다
91	share a lot of information	많은 정보를 공유하다
92	adopt new technology	신기술을 채택하다
93	in real time	실시간으로

▌환경 관련 표현

94	one's position on an issue	어떤 문제에 대한 입장
95	community development	지역 개발
96	natural resources	천연 자원
97	renewable energy	재생 가능 에너지
98	environmental damage	환경 피해
99	cause a lot of pollution	많은 오염을 초래하다
100	restrict where you can live	사는 곳을 제한하다

MEMO

해커스인강 **HackersIngang.com**

본 교재
인강

교재 MP3

온라인
실전모의고사

유형별
핵심 전략 강의

해커스토익 **Hackers.co.kr**

토익스피킹
첨삭 게시판

토익스피킹
점수예측 풀서비스

실전 토익스피킹
문제 및 해설강의

토익스피킹
기출유형특강

5일 만에 끝내는
해커스
토익 스피킹
실전모의고사 15회

모범답변·해석·해설

해커스 어학연구소

Actual TEST 01

Q1 광고

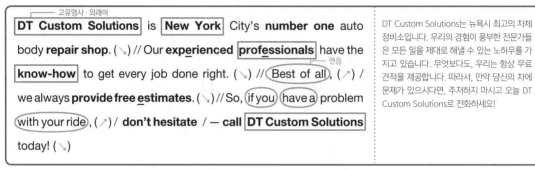

DT Custom Solutions는 뉴욕시 최고의 차체 정비소입니다. 우리의 경험이 풍부한 전문가들은 모든 일을 제대로 해낼 수 있는 노하우를 가지고 있습니다. 무엇보다도, 우리는 항상 무료 견적을 제공합니다. 따라서, 만약 당신의 차에 문제가 있으시다면, 주저하지 마시고 오늘 DT Custom Solutions로 전화하세요!

> **단번 Tip**
> · 자동차 정비소의 광고이므로, 정비소의 이름과 제공하는 서비스를 강조하며 읽으세요.
> · 느낌표로 끝나는 감탄문(So, ~ DT Custom Solutions today!)은 끝을 내려 읽으세요.
> · New York[nu:jɜrk], professionals[prəféʃənls], know-how[nouhɑu] 같은 외래어를 정확한 영어식 발음으로 읽으세요.

어휘　auto body 차체　experienced[ikspíəriənst] 경험이 풍부한, 능숙한　best of all 무엇보다도, 특히　estimate[éstimeit] 견적서, 추정

Q2 공지

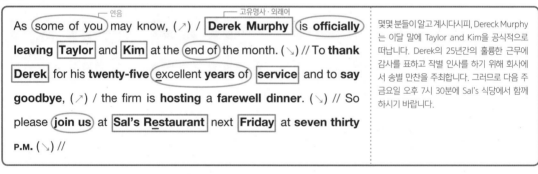

몇몇 분들이 알고 계시다시피, Derek Murphy는 이달 말에 Taylor and Kim을 공식적으로 떠납니다. Derek의 25년간의 훌륭한 근무에 감사를 표하고 작별 인사를 하기 위해 회사에서 송별 만찬을 주최합니다. 그러므로 다음 주 금요일 오후 7시 30분에 Sal's 식당에서 함께 하시기 바랍니다.

> **단번 Tip**
> · 송별 만찬을 알리는 공지이므로, 송별 만찬의 대상의 경력과 만찬 시간과 장소를 강조하며 읽으세요.
> · some of you[sʌmʌvjʌ], excellent years of[éksələntjirsʌv]와 같이 세 단어가 연음되는 경우, 자연스럽게 연결해서 발음하세요.

어휘　officially[əfíʃəli] 공식적으로　service[sɔ́:rvis] 근무, 서비스　firm[fɜːrm] 회사　host[houst] (행사를) 주최하다　farewell[fèrwél] 송별, 작별 (인사)

Q3 여러 사람이 중심인 사진

 답변 표현

사진이 찍힌 장소 · in a meeting room

중심 대상
- a woman standing in front of a screen, pointing at the information on the screen with a pen

주변 대상
- in front of her, three people dressed in dark suits listening to her presentation
- on the table, glasses of water and some documents

느낌 및 의견
- people, paying close attention to woman's presentation

모범 답변

장소	🎤 **This picture was taken** in a meeting room.	이 사진은 회의실에서 찍혔습니다.
중심 대상	**The first thing I see is** a woman standing in front of a screen. She is pointing at the information on the screen with a pen.	처음에 보이는 것은 스크린 앞에 서 있는 여자입니다. 그녀는 펜으로 화면에 있는 정보를 가리키고 있습니다.
주변 대상	**In front of** her, I see three people dressed in dark suits listening to her presentation. **On** the table, there are glasses of water and some documents.	그녀의 앞에는, 짙은 색의 정장을 입은 세 명의 사람들이 그녀의 발표를 듣고 있는 것이 보입니다. 탁자 위에는, 물컵들과 몇 개의 서류들이 있습니다.
느낌 및 의견	**Overall, it seems like** people are paying close attention to the woman's presentation.	전반적으로, 사람들이 여자의 발표에 세심한 주의를 기울이고 있는 것 같아 보입니다.

Tip 정장의 색을 표현할 때는 dark(짙은 색의), light-colored(밝은 색의)와 같은 표현을 사용하여 말할 수 있어요.

어휘 **presentation**[prìːzentéiʃn] 발표, 설명 **document**[dάkjument] 서류, 문서 **pay close attention** 세심한 주의를 기울이다

Q4 소수의 사람이 중심인 사진

답변 표현

사진이 찍힌 장소 · at a park

중심 대상
- a woman with blond hair, sitting on a bench eating salad, and wearing jean overalls with a white T-shirt

주변 대상
- her left, a gray backpack, a notebook, and a pen
- background, grass and trees surrounded by a low fence

느낌 및 의견
- a nice day to have lunch outside

모범 답변

장소	🎙 **This photo was taken** at a park.	이 사진은 공원에서 찍혔습니다.
중심 대상	**What I first notice is** a woman with blond hair. She is sitting on a bench eating salad. She is wearing jean overalls with a white T-shirt.	처음에 보이는 것은 금발의 여자입니다. 그녀는 벤치에 앉아 샐러드를 먹고 있습니다. 그녀는 흰 티셔츠와 함께 청으로 된 멜빵 바지를 입고 있습니다.
주변 대상	**On her left,** I see a gray backpack, a notebook, and a pen. **In the background,** I can see grass and trees surrounded by a low fence.	그녀의 왼쪽에는, 회색 배낭, 공책, 그리고 펜이 보입니다. 사진의 배경에는, 낮은 담장으로 둘러싸인 풀과 나무들이 보입니다.
느낌 및 의견	**Generally, it looks like** a nice day to have lunch outside.	전반적으로, 야외에서 점심을 먹기에 좋은 날씨인 것 같습니다.

> **답변 Tip** 야외나 공원에서 찍은 사진은 마무리 문장에 a nice day to have lunch outside(야외에서 점심을 먹기에 좋은 날씨), a sunny day in the park(공원에서의 화창한 하루)와 같은 표현을 사용하여 전반적인 분위기를 묘사할 수 있어요.

어휘   **surround** [səráund] 둘러싸다, 에워싸다

Q5-7 지인 통화: 지역 장소

Imagine that a friend is in your town for a few days. You're having a phone conversation about places to go to.	한 친구가 당신의 도시에 며칠 동안 있다고 가정해 봅시다. 당신은 갈 수 있는 곳들에 대해 전화 통화를 하고 있습니다.

Question 5

🎧 **Q:** What's a good place to visit in your area, and how far is it from the bus station?
미국식 발음

너의 지역에서 방문하기 좋은 장소는 어디이고, 버스 정류장에서 얼마나 머니?

🎤 **A:** My favorite place to visit in my area is Seoul Forest, which is one of the biggest parks in the city, and it takes about 5 minutes from the bus station.

내가 나의 지역에서 가장 방문하기 좋아하는 곳은 도시에서 가장 큰 공원 중에 하나인 서울숲이고, 버스 정류장에서 약 5분 정도 걸려.

Question 6

🎧 **Q:** It sounds like an interesting place. What are some things I can do there?
미국식 발음

흥미로운 곳 같이 들려. 그곳에서 내가 할 수 있는 일이 뭐가 있니?

🎤 **A:** First of all, you can have a picnic on the large lawn in the park, and may play catch ball with your family or friends. If you are lucky, you may get to see a live performance in the park.

첫째로, 너는 공원의 넓은 잔디밭에서 소풍을 즐길 수 있고, 가족이나 친구들과 캐치볼을 할 수 있어. 만약 운이 좋다면, 너는 공원에서 라이브 공연을 볼 수 있을 거야.

Question 7

🎧 **Q:** If I want to buy some gifts and souvenirs, where would you suggest I go?
미국식 발음

선물과 기념품들을 사고 싶으면 어디로 가는 것을 추천하니?

🎤 **A:** I suggest you go to a street market near the park to buy some gifts and souvenirs. First of all, you can buy cute handmade goods at a reasonable price in the street market. Also, there are many food stands selling delicious local food. So, I think you should definitely go there.

나는 선물과 기념품들을 사러 공원 근처 거리 시장에 가는 것을 제안해. 첫째로, 너는 거리 시장에서 귀여운 수제품들을 합리적인 가격에 살 수 있어. 또한, 그곳에는 맛있는 현지 음식을 파는 음식 가판대도 있어. 그러니까, 너는 그곳에 꼭 가봐야 한다고 생각해.

답변 Tip 기념품점에 가는 것을 추천한다고 말할 경우, open day and night(아침 저녁으로 문을 연다), have many branches(지점이 많다)와 같은 근거를 들어 답변할 수 있어요.

어휘 **souvenir**[sùːvəníːr] 기념품 **street market** 거리 시장, 노상 시장
goods[gudz] 제품, 상품 **reasonable**[ríːznəbl] 합리적인
food stand 음식 가판대, 길거리 음식점 **local**[lóukəl] 현지의, 지역의

Q8-10 호텔 숙박 예약표

Park Hotel Atlanta

[8]12 Technology Street, Atlanta

555-2137

[10]**Reservation #**: 278-11-0987

[8]**Check-in Date**: 06/08

Check-out Date: 06/09

Customer name: Nancy Reed

Phone: 555-9823

Description	Quantity	Charge
[10]King Suite	[10]1 Night	$173
[10]Spa Package	[10]Facial Massage x1	$95
[10]Parking Fee	Compact Vehicle x1	$45
[10]Wi-Fi Fee	1 Night	$20
	[10]Total	[10]$333

[9]*Breakfast buffet is served from 6:30 to 9:30 each morning for $19.99 per person.

**On-site restaurant, mini bar, and convenience store items may also be added to the final bill.

애틀랜타 파크 호텔

[8]Technology가 12번지, 애틀랜타

555-2137

[10]예약 #: 278-11-0987

[8]체크인 날짜: 06/08

체크아웃 날짜: 06/09

고객명: Nancy Reed

전화: 555-9823

세부사항	수량	요금
[10]킹 스위트룸	1일	173달러
[10]스파 패키지	얼굴 마사지 x1	95 달러
[10]주차 요금	경승용차 x1	45 달러
[10]와이파이 요금	1일	20 달러
	[10]합계	[10]333 달러

[9]*조식 뷔페는 매일 아침 6시 30분부터 9시 30분까지 제공되며 1인당 19달러 99센트입니다.

**호텔 음식점, 미니바, 그리고 편의점 물품도 최종 청구서에 추가될 것입니다.

미국식 발음 🎧

Hi. This is Nancy Reed. I'm staying at your hotel next month, and I just wanted to confirm a few details. Can you help me with that?

안녕하세요. Nancy Reed입니다. 저는 다음 달에 귀하의 호텔에 투숙할 예정인데, 몇 가지 세부 내용을 확인하고 싶습니다. 저를 좀 도와 주실 수 있을까요?

어휘   reservation[rèzərvéiʃən] 예약   on-site[an-sait] 현장의   convenience store 편의점   bill[bil] 청구서, 고지서

Question 8

🎧 **Q:** Where is your hotel located, and when is the check-in date?

미국식 발음

🎤 **A:** The hotel is located at 12 Technology Street in Atlanta, and you are supposed to check-in on June 8th.

호텔이 어디에 위치해 있으며, 체크인 날짜는 언제 인가요?

당신의 호텔은 애틀랜타 Technology가 12번 지에 위치하고 있으며, 당신은 6월 8일에 체크 인하기로 되어 있습니다.

Question 9

🎧 **Q:** As far as I remember, the breakfast buffet starts at six o'clock in the morning. Is that correct?

미국식 발음

🎤 **A:** I'm sorry, but you have the wrong information. The breakfast buffet will start at 6:30 in the morning, and will close at 9:30.

제가 기억하기에는 조식 뷔페는 아침 6시에 시 작합니다. 이것이 맞나요?

죄송하게도 당신은 잘못된 정보를 가지고 계십 니다. 조식 뷔페는 아침 6시 30분에 시작하고 9시30분에 끝날 것입니다.

Question 10

🎧 **Q:** I need to make sure there are no problems with my reservation. Can you confirm the details for me?

미국식 발음

🎤 **A:** Sure. First, your reservation number is 278-11-0987. According to your reservation, you will stay in a King Suite for one night, and get facial massage once at the spa. Also, you have selected to use our parking and Wi-Fi service during your stay. So, the room charge will be 333 dollars in total.

어휘 **stay**[stei] 투숙, 머무르다 **room charge** 객실 요금

저는 확실하게 제 예약에 문제가 없는지 확인 해야 합니다. 세부 내용을 확인해 주실 수 있 나요?

물론입니다. 먼저, 당신의 예약 번호는 278-11-0987입니다. 예약하신 바에 따르면, 당신은 킹 스위트룸에서 하룻밤을 머물고 스파에서 한 번의 얼굴 마사지를 받을 것입니다. 또한, 당사 의 주차 및 Wi-Fi 서비스를 투숙 기간 동안 이 용하기로 선택하셨습니다. 따라서, 총 객실 요 금은 333달러일 것입니다.

Q11 선택형: 외식과 집에서 식사하기

미국식 발음
Do you prefer to eat out at restaurants or to eat at home?

Support your answer with reasons or examples.

식당에서 외식하는 것과 집에서 먹는 것 중 어느 것을 더 좋아하나요?

이유와 예로 당신의 답변을 뒷받침하세요.

답변 아이디어

나의 의견	집에서 먹는 것 eating at home
이유 1	돈을 절약할 수 있음 can save money
근거	식당에서 요구하는 봉사료나 부가세와 같은 추가 요금을 지불하지 않아도 됨 don't have to pay extra charges such as service fees and additional taxes, which are required at restaurants
이유 2	내 요리 실력을 향상시킬 수 있음 can improve my cooking skills
근거	거의 매일 요리를 해야 하기 때문에 그것들을 흥미롭게 하기 위해 인터넷에서 찾은 새로운 조리법들을 배움 since I have to cook almost every day, I learn new recipes I find on the Internet to keep things interesting.

모범 답변

나의 의견	🎤 **I prefer** eating at home to eating out at restaurants.	저는 식당에서 외식하는 것보다 집에서 먹는 것을 더 좋아합니다.
이유 1 + 근거	**First of all**, I can save money by eating at home. **To be specific**, I don't have to pay extra charges such as service fees and additional taxes when eating at home, which are required at restaurants.	첫째로, 집에서 식사함으로써 돈을 절약할 수 있습니다. 구체적으로 말하면, 집에서 식사할 때는 식당에서 요구하는 봉사료나 부가세와 같은 추가 요금을 지불하지 않아도 됩니다.
이유 2 + 근거	**Secondly**, I can improve my cooking skills by eating at home. **For example**, since I have to cook almost every day, I learn new recipes I find on the Internet to keep things interesting. Now, I can cook various kinds of food.	둘째로, 집에서 식사함으로써 내 요리 실력을 향상할 수 있습니다. 예를 들면, 거의 매일 요리를 해야 하기 때문에, 그것들을 흥미롭게 하기 위해 인터넷에서 찾은 새로운 조리법들을 배웁니다. 이제, 저는 다양한 종류의 음식을 요리할 수 있습니다.
마무리	**For these reasons**, I prefer eating at home to eating out at restaurants.	이러한 이유로, 저는 식당에서 외식하는 것보다 집에서 먹는 것을 더 좋아합니다.

답변 Tip 식당에서 외식하는 것을 더 좋아한다고 답할 경우, '다양한 종류의 음식을 경험할 수 있다'(experience various types of food), '가족, 친구들과 특별한 시간을 보낼 수 있다'(have special time with family and friends)등을 이유로 제시할 수 있어요.

어휘 **eat out** 외식하다 **extra**[ékstrə] 추가의 **service fee** 봉사료, 수수료 **additional tax** 부가세 **require**[rikwáiə(r)] 요구하다 **various**[véəriəs] 다양한, 여러 가지의

🎧 AT02_R P. 42

Q1 자동 응답 메시지

You have reached the **law offices** of 〔고유명사·외래어〕 Smith and Lawson . (↘) // We are currently **unable** to answer to your call. // Please 〔연음〕 leave a brief message 〔with your〕 name, (↗) / **number**, (↗) / and **e-mail** address, / and we'll get back to you 〔as soon as〕 possible. (↘) // For information 〔about our〕 services, / you can visit **www. smithlawsonlaw.com** .(↘)

Smith and Lawson 법률 사무소에 연결되셨습니다. 저희는 현재 당신의 전화를 받을 수 없습니다. 당신의 이름, 전화번호, 그리고 이메일 주소와 함께 간단한 메시지를 남겨주시면, 저희가 가능한 한 빨리 다시 연락을 드릴 것입니다. 저희 서비스에 대한 정보를 위해서는, www.smithlawsonlaw.com을 방문하시면 됩니다.

 답변 Tip
- 자동 응답 메시지이므로, 메시지에 남길 정보나 업체의 웹사이트 주소를 강조하며 읽으세요.
- currently[kə́ːrəntli]에서 't'는 'ㄹ'과 같이 약하게 발음하세요.
- 웹사이트 주소를 읽을 때는 'www'는 각각 한 자리씩 읽고, 나머지는 단어 단위로 읽으세요.
  www.smithlawsonlaw.com → w, w, w, dot, smithlawsonlaw, dot, com

어휘 law office 법률 사무소 currently[kə́ːrəntli] 현재 brief[briːf] 간단한

Q2 안내

〔연음〕 Thank you for choosing **Mason Travels** 〔고유명사·외래어〕 for your **three-day** escape to Pineford .(↘) // On the first day, / you will **explore** the **town** and **get familiar** 〔with it〕. (↘) // You will also 〔learn about〕 the **thermal springs**. (↘) // On the **second** and **third** days, / you can go shopping ,(↗) / hiking ,(↗) / or 〔for a〕 **walk**. (↘) // If you have any question about the **schedule**, / please feel free to ask at any time. (↘)

3일간의 Pineford로의 탈출에 Mason Travels를 선택해 주셔서 감사합니다. 첫째 날에, 여러분은 마을을 탐험하고 그곳에 익숙해질 것입니다. 여러분은 또한 온천에 대해 알게 될 것입니다. 둘째 날과 셋째 날에는 쇼핑을 하시거나, 등산을 하시거나, 또는 산책을 하러 가실 수 있습니다. 일정에 대해 궁금한 점이 있으시면, 언제든지 자유롭게 물어보십시오.

답변 Tip
- 여행 일정에 대한 안내이므로, 여행사 이름과 여행 지역, 하게 될 활동을 강조하며 읽으세요.
- Pineford에서 혼동하기 쉬운 'p'와 'f' 발음에 주의하며 읽으세요.
- with it, learn about, for a와 같이 자음과 모음이 연음되는 경우, 앞의 자음을 뒤의 모음에 그대로 연결해서 발음하세요.

어휘 escape[iskéip] 탈출 explore[iksplɔ́ːr] 탐험하다 thermal spring[θə́ːrməl spriŋ] 온천

Q3 소수의 사람이 중심인 사진

모범 답변

장소	**This picture was taken** in a clothing store.
중심 대상	**The first thing I see is** three women holding up some clothes. The woman on the left has a jacket on her arm. The woman in the middle is smiling. **On her right,** another woman is holding a patterned shirt with a yellow scarf.
주변 대상	**In the background,** various items are displayed on hangers and shelves.
느낌 및 의견	**Generally, it seems like** some friends are having fun shopping together.

이 사진은 옷 가게 안에서 찍혔습니다.

처음에 보이는 것은 옷을 들고 있는 세 명의 여자입니다. 왼쪽에 있는 여자는 팔에 재킷을 놓았습니다. 가운데에 있는 여자는 웃고 있습니다. 그녀의 오른쪽에는, 다른 여자가 노란색 스카프가 달린 무늬가 있는 셔츠를 들고 있습니다.

배경에는, 옷걸이와 선반 위에 다양한 물건들이 진열되어 있습니다.

전반적으로, 몇 명의 친구들이 함께 옷 쇼핑을 즐기고 있는 것 같습니다.

답변 Tip 옷과 같은 물건의 무늬를 묘사할 때는, patterned(무늬가 있는), flowery(꽃무늬의), striped(줄무늬의), checkered(체크무늬의) 등의 표현을 사용하여 말할 수 있어요.

어휘 **hold up** ~을 들다 **various** [vέəriəs] 다양한, 여러 가지의 **have fun** 즐기다

Q4 소수의 사람이 중심인 사진

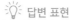 답변 표현

사진이 찍힌 장소 · outdoors

중심 대상
- a man with gray hair and a beard, wearing a blue climbing jacket
- his right, a woman with blond hair, wearing a red jacket
- both, holding hiking sticks and wearing sunglasses and backpacks

주변 대상
- behind, many trees

느낌 및 의견 · they are having a good time

🕐 모범 답변

장소	🎙 **This photo was taken** outdoors.	이 사진은 야외에서 찍혔습니다.
중심 대상	**What I notice first is** a couple. A man with gray hair and a beard is wearing a blue climbing jacket. **On his right,** a woman with blond hair is wearing a red jacket. Both of them are holding hiking sticks and wearing sunglasses and backpacks.	처음에 보이는 것은 한 부부입니다. 회색 머리와 수염이 있는 남자는 파란색 등산 재킷을 입고 있습니다. 그의 오른쪽에는, 금발의 여자가 빨간색 재킷을 입고 있습니다. 두 사람 모두 등산용 지팡이를 들고 있고 선글라스를 쓰고 배낭을 메고 있습니다.
주변 대상	**Behind** them, there are many trees.	그들의 뒤에는, 많은 나무가 있습니다.
느낌 및 의견	**Overall, it seems like** they are having a good time.	전반적으로, 그들은 좋은 시간을 보내고 있는 것 같습니다.

답변 Tip 등산하는 사진을 묘사할 때는 climbing jacket(등산 재킷), hiking stick(등산용 지팡이), hiking boots(등산용 부츠)와 같은 표현을 사용하여 말할 수 있어요.

어휘 **beard**[bɪərd] 수염 **hiking stick** 등산용 지팡이

Q5-7 지인과 통화: 취미

Imagine that you are talking on the telephone with a colleague. You are talking about hobbies.	당신이 한 동료와 전화로 이야기하고 있다고 가정해 봅시다. 당신은 취미에 관해 이야기하고 있습니다.

Question 5

🎧 **Q:** Who do you normally go to the movies with?
호주식 발음

🎤 **A:** I usually go to the movies with a friend. This is because I find it boring to go to the movies by myself, and I like to have company.

> **답변 Tip** 추가 답변으로 watch movies twice a month(한 달에 두 번 영화를 본다), sometimes take my family members with me(가끔 가족들을 데려간다)와 같은 내용을 말할 수 있어요.

어휘 company[kʌ́mpəni] 일행, 친구

보통 누구와 함께 영화를 보러 가나요?

저는 보통 친구와 함께 영화를 보러 가요. 왜냐하면 혼자 영화를 보러 가는 것은 지루하고, 일행이 있는 것이 좋기 때문이에요.

Question 6

🎧 **Q:** Same here. How far would you travel to go to a movie theater?
호주식 발음

🎤 **A:** I'd probably travel up to an hour at most. Most movies are around two hours long, and I'd feel silly spending more time traveling to and from the movie theater than watching the movie.

어휘 up to ~까지 silly[síli] 어리석은

저도 그래요. 당신은 영화관에 가기 위해 얼마나 멀리까지 갈 건가요?

저는 아마 최대 한 시간까지 갈 거예요. 대부분 영화는 두 시간 정도 길이고, 저는 영화를 보는 것보다 영화관에 오고 가는 데 더 많은 시간을 쓰는 것은 어리석다고 느낄 거예요.

Question 7

🎧 **Q:** Let me ask you this. Would you go to movie theaters more often if they held events where you could meet directors?
호주식 발음

🎤 **A:** Yes, I would definitely go to movie theaters more often if I could meet movie directors there. First, I would be able to understand the movies better because I could hear about them from the people who made them. Also, it would be an interesting experience as I have never met a movie director before. So, I would go to movie theaters more often if they held events like Meet the Directors there.

어휘 director[dir´ektər] 감독 definitely[défənitli] 분명히

물어볼 게 있어요. 만약 영화관이 감독과 만날 수 있는 행사를 주최한다면 당신은 그곳에 더 자주 갈 건가요?

네, 영화감독들을 만날 수 있다면 저는 분명히 영화관에 더 자주 갈 거예요. 첫째로, 영화를 만든 사람들로부터 그것에 관해 들을 수 있으므로 영화를 더 잘 이해할 수 있을 거예요. 또한, 저는 이전에 영화감독을 만나본 적이 없어서 이는 재미있는 경험이 될 거예요. 그래서, 만약 그들이 그곳에서 감독과의 만남 같은 행사를 연다면 저는 영화관에 더 자주 갈 거예요.

Stacey M. Harris

smharris@email.com
324 Highland Street, Toronto, Canada, M3C 2N7

Position Sought Senior Web Programmer

Education

[8]University of Queensland, Master's Degree, 2010 (Computer Science)

Yorkshire University, Bachelor's Degree, 2008 (Mathematics)

Work Experience

[10]Web Programmer, DKLM Incorporated, 2012-present

[10]Assistant Web Programmer, DKLM Incorporated, 2010-2012

[10]Intern, Mantel Games, Summer 2009

Honors and Awards

[9]Franklin Award for Innovative Web Programming (2010)

Member of the Society of Computer Science

Stacey M. Harris

smharris@email.com
Highland가 324번지, 토론토, 캐나다, M3C 2N7

희망 직책 선임 웹 프로그래머

학력
[8]Queensland 대학교, 석사 학위, 2010 (컴퓨터 공학)
Yorkshire 대학교, 학사 학위, 2008 (수학)

경력
[10]웹 프로그래머, DKLM사, 2012-현재
[10]웹 프로그래머 보조, DKLM사, 2010-2012
[10]인턴, Mantel Games, 2009년 하계

표창 및 수상
[9]혁신적인 웹 프로그래밍에 대한 Franklin 상 (2010)
컴퓨터 공학 협회 회원

영국식 발음

Hi there. I'm interviewing Stacey Harris soon for the senior web programmer position. I've misplaced her résumé though, and I'm hoping you can give me some information about her.

안녕하세요. 저는 곧 선임 웹 프로그래머직에 Stacey Harris를 면접합니다. 그렇지만 제가 그녀의 이력서를 둔 곳을 잊어버려서, 당신이 그녀에 대한 몇 가지 정보를 주었으면 좋겠네요.

어휘   honor[ánər] (명예로운) 표창, 명예   **society**[səsáiəti] 협회, 사회

Question 8

🎧 **Q:** _{영국식 발음} Where **did** she go for her master's degree, and **when did** she graduate?

🎙 **A:** She attended the University of Queensland for her master's degree in computer science, and she graduated in 2010.

> **답변 Tip** 지원자의 출신 학교를 말할 때는, 동사 go 외에도 '~에 다니다'라는 의미를 가진 동사 attend를 사용해 답변할 수 있어요.

그녀는 석사 학위를 위해 어디에 갔고, 언제 졸업했나요?

그녀는 컴퓨터 공학 석사 학위를 위해 Queensland 대학교에 다녔고, 2010년에 졸업했습니다.

Question 9

🎧 **Q:** _{영국식 발음} We need someone with a creative mind to join our team. Does her résumé show that she is qualified?

🎙 **A:** Yes, she is qualified to join your team. She received the Franklin Award for innovative web programming in 2010, so we know that she has creative talent.

> **어휘** creative[kriéitiv] 창의적인 talent[tǽlənt] 소질, 재능

저희는 팀에 합류할 창의적인 사고를 가진 사람이 필요합니다. 그녀의 이력서는 그녀가 적합하다는 것을 보여주나요?

네, 그녀는 당신의 팀에 합류하기에 적합합니다. 그녀는 2010년에 혁신적인 웹 프로그래밍에 대한 Franklin 상을 받아서, 그녀가 창의적인 소질을 가지고 있다고 알고 있습니다.

Question 10

🎧 **Q:** _{영국식 발음} Please tell me about her work experience in detail.

🎙 **A:** Sure, I will tell you in detail about her work experience. First, she was an intern at Mantel Games in the summer of 2009. Then, she worked as an assistant web programmer at DKLM Incorporated from 2010 to 2012. Finally, she has been working as a web programmer at the same company since 2012.

그녀의 경력에 대해 자세히 말해주세요.

물론입니다. 그녀의 경력에 대해 자세히 말씀드리겠습니다. 첫째로, 그녀는 2009년 하계에 Mantel Games에서 인턴이었습니다. 그 후에, 2010년부터 2012년까지 DKLM사에서 웹 프로그래머 보조로 일했습니다. 마지막으로, 그녀는 2012년부터 같은 회사에서 웹 프로그래머로 일해왔습니다.

Q11 선택형: 고객 서비스 직원의 자질

Which of the following is the MOST important quality for a customer service agent?

- *Being friendly*
- *Being a good listener*
- *Being highly experienced*

Choose ONE of the options and use specific reasons and details to support your opinion.

다음 중 어떤 것이 고객 서비스 직원의 가장 중요한 자질인가요?

- *친절해지기*
- *경청하는 사람 되기*
- *많은 경험 쌓기*

보기 중 하나를 선택하고 당신의 의견을 뒷받침하기 위해 구체적인 이유와 예를 사용하세요.

답변 아이디어

나의 의견	경청하는 사람 되기 being a good listener
이유 1	고객 서비스 직원의 역할은 문제를 해결하는 것이므로, 주의 깊게 들어야 함 a customer service agent's job is to solve problems, so he or she needs to listen carefully
근거	직원이 주의를 기울이지 않으면, 이는 상황을 더 나쁘게만 만들 것임 if the agent is not paying attention, it will only make the situation worse
이유 2	듣는 것 자체가 상황을 해결하도록 도울 수 있음 listening itself could help resolve the situation
근거	가끔 고객들은 그저 누군가가 그들의 말을 들어주기를 원함 sometimes customers just want someone to listen to them

모범 답변

나의 의견

🎙 **I think** the most important quality for a customer service agent is being a good listener **for a few reasons**.

이유 1 + 근거

First of all, a customer service agent's job is to solve problems, so he or she needs to listen carefully. **For example**, if a customer calls to complain, but the agent is not paying attention, it will only make the situation worse. The company might lose that customer forever.

이유 2 + 근거

Secondly, listening itself could help resolve the situation. **To be specific**, sometimes customers just want someone to listen to them, so in this case, having good listening skills can be really helpful.

마무리

Therefore, **I think** that being a good listener is the most important attribute for a customer service representative.

저는 몇 가지 이유로 고객 서비스 직원의 가장 중요한 자질은 경청하는 사람이 되는 것이라고 생각합니다.

첫째로, 고객 서비스 직원의 역할은 문제를 해결하는 것이므로, 그나 그녀는 주의 깊게 들어야 합니다. 예를 들면, 어떤 고객이 항의하기 위해 전화했는데 직원이 주의를 기울이지 않으면, 이는 상황을 더 나쁘게만 만들 것입니다. 회사는 그 고객을 영영 잃을지도 모릅니다.

둘째로, 듣는 것 자체가 상황을 해결하도록 도울 수 있습니다. 구체적으로 말하면, 가끔 고객들은 그저 누군가가 그들의 말을 들어주기를 원하기 때문에, 이 경우에는 훌륭한 경청 능력을 갖추는 것이 정말 유용할 수 있습니다.

그러므로, 저는 경청하는 사람이 되는 것이 고객 서비스 직원의 가장 중요한 자질이라고 생각합니다.

모범 Tip '친절해지기와 많은 경험 쌓기가 반드시 고객의 문제 해결로 이어지는 것은 아니다'(Being friendly and being highly experienced don't always lead to solving the problems of customers)와 같이 나머지 선택 사항의 단점을 근거로 제시할 수도 있어요.

어휘 **quality**[kwάːləti] 자질, 특성 **agent**[éidʒənt] 직원 **complain**[kəmpléin] 항의하다, 불평하다 **pay attention** 주의를 기울이다
resolve[rizάːlv] 해결하다 **attribute**[ǽtrəbjùːt] 자질 **customer service representative** 고객 서비스 직원

Actual **TEST 03**

Q1 뉴스

─ 연음
─ 고유명사 · 외래어

(This is) **Chuck Boykins** from **Channel 8 News** / (with your) **nightly weather report.**(↘) // Tomorrow brings another **hot,** (↗) / **humid,**(↗) / and **sticky** summer day as **temperatures** (rise above) **90 degrees,** / with **hum<u>i</u>dity** at **81 percent.** (↘) // Thankfully, / we may also see some **cloud cover** (and a) **light rain** in the evening. (↘) // Now let's go to **Diane Barber** (with the) **traffic.** (↘)

저는 저녁 날씨 예보에 함께하는 Channel 8 News의 Chuck Boykins입니다. 내일은 습도 81퍼센트와 함께, 기온이 90도 이상으로 상승함에 따라 덥고, 습하고, 후덥지근한 여름날을 또 한 번 가져옵니다. 다행스럽게도, 저녁에는 약간의 구름과 가벼운 비를 만날 수 있을 것입니다. 이제 교통 담당의 Diane Barber에게 가 보겠습니다.

답변 Tip
- 날씨를 알리는 뉴스이므로, 현재 날씨와 예상되는 날씨 정보 등을 강조하며 읽으세요.
- This is, and a와 같이 자음과 모음이 연음되는 경우, 앞의 자음을 뒤의 모음에 그대로 연결해서 발음하세요.
- humid는 품사에 따라 강세가 달라지므로, 이에 주의하며 읽으세요.
  형 humid[hjúːmid] 습한 – 명 humidity[hjuːmídəti] 습도

어휘 **humid**[hjúːmid] 습한 **sticky**[stíki] 후덥지근한, 무더운 **humidity**[hjuːmídəti] 습도 **thankfully**[θǽŋkfəli] 다행스럽게도 **traffic**[trǽfik] 교통

Q2 소개

─ 연음
Ever (wanted to) (get away) from your **everyday routine**?(↗) // Why not do so every **W<u>e</u>dnesday** at **seven P.M.** / from the (comfort of) your couch?(↘) // Actress **Lucy Clarke** will (take you) with her on trips to **domestic** and **internatio</u>nal** destinatio</u>ns, / where she will (meet the) **locals,**(↗) / (eat their) **food,**(↗) / and **show you around.**(↘) // Catch the **first** (episode of) **_Lucy's Getaways_** on **Channel Fourteen** / starting next W<u>e</u>dnesday!(↘)

─ 고유명사 · 외래어

매일의 일상에서 벗어나기를 원한 적이 있으신가요? 매주 수요일 오후 7시에 여러분 소파의 편안함 속에서 그렇게 하는 것은 어떠신가요? 여배우 Lucy Clarke가 국내외 국제적인 행선지로 향하는 그녀의 여행에 여러분을 데리고 가서, 그곳에서 현지인들을 만나고, 그들의 음식을 먹고, 여러분을 안내해줄 것입니다. 다음 주 수요일에 Channel Fourteen에서 시작하는 _Lucy's Getaways_ 첫 회를 놓치지 마세요!

답변 Tip
- 새로 시작하는 TV 프로그램의 소개이므로, 프로그램의 방영 시간과 출연자, 방송 내용 등을 강조하며 읽으세요.
- 조동사가 생략된 의문문(Ever wanted ~?)은 끝을 올려 읽고, 의문사로 시작하는 의문문(Why not ~?)은 끝을 내려 읽으세요.
- international[ìntərnǽʃənl], destination[dèstənéiʃən]과 같은 3음절 이상 단어들의 강세를 잘 지켜 읽으세요.

어휘 **get away**[gèt əwéi] ~에서 벗어나다, 도망치다 **routine**[ruːtíːn] 일상 **comfort**[kʌ́mfərt] 편안함 **couch**[kautʃ] 소파 **domestic**[dəméstik] 국내의 **international**[ìntərnǽʃənl] 국제적인 **destination**[dèstənéiʃən] 행선지, 목적지 **local**[lóukəl] 현지인; 현지의

Q3 배경이나 사물이 중심인 사진

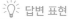 답변 표현

사진이 찍힌 장소 · at a construction site

중심대상
- some men, smoothing out cement on the ground
- other men, standing around the construction site
- everyone, wearing work clothes and safety hats

주변대상
- right side of the picture, a construction vehicle, having a loading shovel attached to it

느낌 및 의견
- the ground being prepared for construction

모범 답변

장소	🎤 **This picture was taken** at a construction site.	이 사진은 건설 현장에서 찍혔습니다.
중심대상	**The first thing I see is** some men smoothing out cement on the ground. Other men are standing around the construction site. Everyone is wearing work clothes and safety hats.	처음에 보이는 것은 바닥의 시멘트를 매끄럽게 하고 있는 몇 명의 남자입니다. 다른 남자들은 건설 현장 주변에 서 있습니다. 모두는 작업 작업복을 입고 있고 안전모를 쓰고 있습니다.
주변대상	**On the right side of the picture,** there is a construction vehicle, and it has a loading shovel attached to it.	사진의 오른쪽에는 건설 차량이 있고, 그것에 부착된 짐을 싣는 삽이 있습니다.
느낌 및 의견	**Generally, it seems like** the ground is being prepared for construction.	전반적으로, 부지가 건물 건설을 위해 준비되고 있는 것 같습니다.

> **모범 Tip** 공사장에서 찍힌 사진의 경우, work clothes(작업복), uniforms(유니폼) 등의 표현으로 인물의 복장을 묘사하고, smoothing out cement(시멘트를 매끄럽게 하는), loading/unloading(~을 싣는/내리는), piled up(~이 쌓여 있는) 등의 표현으로 인물의 동작이나 배경을 묘사할 수 있어요.

어휘 construction[kənstrʌ́kʃən] 건설, 공사 site[sait] 현장, 장소 vehicle[víːikl] 차량 smooth[smuːð] 매끄럽게 하다, (땅을) 고르다
load[loud] 짐을 싣다 attached[ətǽtʃt] 부착된

Q4 소수의 사람이 중심인 사진

 답변 표현

사진이 찍힌 장소 · indoors

중심대상
- a man and a woman, looking at a laptop
- the woman, wearing a blue shirt
- on the table, sewing machine with some thread and cotton fabric

주변대상
- foreground and background of the picture, some mannequins

느낌 및 의견
- the man and woman are fashion designers

🕐 모범 답변

장소	🎙 **This picture was taken** indoors.	이 사진은 실내에서 찍혔습니다.
중심대상	**The first thing I see is** a man and a woman looking at a laptop. The woman is wearing a blue shirt. **On** the table, there is a sewing machine with some thread and cotton fabric.	처음에 보이는 것은 노트북을 보고 있는 남자와 여자입니다. 여자는 파란색 셔츠를 입고 있습니다. 탁자 위에는 재봉틀이 약간의 실과 면직물과 함께 있습니다.
주변대상	**In the foreground and background of the picture,** I see some mannequins.	사진의 전경과 배경에는 몇 개의 마네킹이 보입니다.
느낌 및 의견	**Overall, it appears that** the man and woman are fashion designers.	전반적으로, 남자와 여자는 패션 디자이너인 것처럼 보입니다.

> **모범 Tip** 사진의 전경과 배경에서 모두 보이는 대상 및 사람의 경우 '사진의 전경과 배경에 ~이 보입니다'(In the foreground and background of the picture, I see~)와 같은 표현을 사용해서 보이는 대상 및 사람을 묘사하세요.

어휘 sewing machine 재봉틀 thread [θred] 실 cotton fabric 면직물 mannequin [mǽnəkin] 마네킹

Q5-7 전화 설문: 애완동물

Imagine that a pet magazine is preparing an article. You have agreed to participate in a telephone interview about having pets.	애완동물 잡지에서 기사를 준비하고 있다고 가정해 봅시다. 당신은 애완동물을 키우는 것에 관한 전화 인터뷰에 참여하기로 동의했습니다.

Question 5

🎧 **Q:** Do most people have pets where you live? What types of pets are popular?

영국식 발음

🎤 **A:** Yes, most people have pets where I live. Cats and dogs are popular types of pets in my area. I also have two cats.

> 어휘 **popular**[pá:pjulər] 인기 있는

당신이 사는 곳에 대부분의 사람들이 애완동물을 키우나요? 어떤 종류의 애완동물이 인기가 있나요?

네, 제가 사는 곳에 대부분의 사람들이 애완동물을 키웁니다. 제가 사는 지역에는 고양이와 개가 인기 있는 애완동물 종류입니다. 저도 두 마리의 고양이를 키웁니다.

Question 6

🎧 **Q:** If you wanted to get a pet, where would you go to get one?

영국식 발음

🎤 **A:** If I wanted a pet, I would go to the animal shelter. They have dogs and cats that need a home. I would adopt one.

> 어휘 **animal shelter** 동물 보호소 **adopt**[ədá:pt] 입양하다

당신이 애완동물을 갖고 싶다면, 당신은 어디에 가서 데려올 건가요?

제가 애완동물을 갖고 싶다면 동물 보호소에 갈 것입니다. 그곳에는 집이 필요한 고양이와 개가 있습니다. 저는 한 마리를 입양할 것입니다.

Question 7

🎧 **Q:** What are some disadvantages of having pets?

영국식 발음

🎤 **A:** There are some disadvantages of having pets. First, pets take up your time. You need to play with them, give them bathes, and clean up after them. Second, pets are expensive. You need to pay for their food and also their medicine if they get sick. These are just some of the disadvantages of having pets.

> **답변 Tip** 이외에도 pets are messy(지저분하게 만든다) 등을 이유로 들 수 있어요.

> 어휘 **take up** 빼앗다, 차지하다 **expensive**[ikspénsiv] 비용이 많이 드는

애완동물을 키우는 것의 단점은 무엇인가요?

애완동물을 키우는 것에는 몇몇 단점이 있습니다. 첫째로, 애완동물은 당신의 시간을 빼앗습니다. 당신은 그들과 놀아주어야 하고, 목욕을 시켜야 하며, 뒤처리를 해야 합니다. 둘째로, 애완동물은 비용이 많이 듭니다. 당신은 그들의 먹이 값을 내야 하고 아프면 약 값도 지불해야 합니다. 이것들이 애완동물을 키우는 것의 몇몇 단점입니다.

A-Star Performance Hall		
Shows and Performances		
Autumn Schedule		
Book tickets online or by phone 8(All tickets $30)		
Band	**Date**	**Tickets**
9The Blossom*	8September 1	Available
10Team Cloud	10October 8, 9	10Available
10The Eleventh Star	10October 15, 16	10Available
Complexity	October 22, 23, 30	Sold Out
Leah and the Goofs	November 16, 17	Available

9*There will be a meet-and-greet with the band after the show.

A-Star 공연 홀		
쇼와 공연		
가을 일정		
온라인이나 전화로 표 예매		
8(모든 표는 30달러)		
밴드	날짜	표
9The Blossom*	89월 1일	예약 가능
10Team Cloud	1010월 8일, 9일	10예약 가능
10The Eleventh Star	1010월 15일, 16일	10예약 가능
Complexity	10월 22일, 23일, 30일	매진
Leah and the Goofs	11월 16일, 17일	예약 가능

9*공연 후 밴드와의 팬미팅이 있을 것입니다.

미국식 발음

Hello, I am looking to get some information about band performances I could attend in the fall. Can you give me some information?

안녕하세요, 저는 가을에 갈 수 있는 밴드 공연에 대한 정보를 얻기를 바라고 있어요. 제게 몇 가지 정보를 주실 수 있나요?

어휘 **performance**[pərfɔ́:rməns] 공연, 상연 **book**[buk] 예약하다 **available**[əvéiləbl] 예약 가능한, 이용 가능한
meet-and-greet[mì:təngrí:t] 팬미팅, 유명인과의 만남

Question 8

🎧Q: When will the first performance of this fall take place, and how much are the tickets?

🎤A: The first performance will take place on September 1, and tickets are 30 dollars.

이번 가을의 첫 번째 공연은 언제 열리고, 표는 얼마인가요?

첫 번째 공연은 9월 1일에 열릴 것이고, 표는 30달러입니다.

Question 9

🎧Q: I heard that there is a special event planned for after Complexity's shows. Is this correct?

🎤A: I'm sorry, but you have the wrong information. The special event, a meet-and-greet, is planned for after The Blossom's show.

Complexity의 공연 후에 특별한 행사가 예정되어 있다고 들었어요. 맞나요?

죄송하지만, 잘못된 정보를 가지고 계시군요. 특별 행사인 팬미팅은 The Blossom의 공연 후에 예정되어 있습니다.

Question 10

🎧Q: My friends are coming to visit me in October, and I'd like to book some concert tickets for me and my friends. What performances are available for booking in October?

🎤A: There are two bands available for booking in October. The first is Team Cloud. They will be playing on October 8 and 9. The second is The Eleventh Star. They will perform on October 15 and 16. You can book tickets for either of them.

어휘   perform [pərfɔ́:rm] 공연하다

제 친구들이 10월에 저를 방문하러 오기로 해서, 저와 친구들을 위해 콘서트 표를 예매하고 싶어요. 어떤 공연들이 10월에 예약 가능한가요?

10월에 예약 가능한 두 개의 밴드가 있습니다. 첫 번째는 Team Cloud입니다. 그들은 10월 8일과 9일에 공연할 것입니다. 두 번째는 The Eleventh Star입니다. 그들은 10월 15일과 16일에 공연할 것입니다. 당신은 이들 중 어느 하나의 표를 예매하면 됩니다.

Q11 장·단점: 구직 정보 찾기

미국식 발음 When you are looking for work, what are the advantages of finding information about jobs online? Use specific ideas and examples to support your opinion.	일자리를 찾을 때, 온라인으로 직업에 관한 정보를 찾는 것의 장점은 무엇인가요? 당신의 의견을 뒷받침하기 위해 구체적인 이유와 예를 사용하세요.

💡 답변 아이디어

장점 1	최신 정보를 이용할 수 있음 the latest information is available online
근거	사람들은 웹에 모든 것을 게시함 people post everything on the Web
장점 2	많은 구인 공고들을 동시에 쉽게 비교할 수 있음 can easily compare multiple job openings at the same time
근거	지원하기 전에 어떤 것이 나에게 더 나은지 결정할 수 있음 decide which is better for me before applying

🕐 모범 답변

나의 의견	🎤 **I think** there are some advantages of finding information about jobs online when you are looking for work.	저는 일자리를 찾을 때 온라인으로 직업에 관한 정보를 찾는 것에 몇 가지 장점이 있다고 생각합니다.
장점 1 + 근거	**First of all**, the latest information is available online. **To be specific**, people post everything on the Web because it communicates information the fastest and to the biggest number of people. So, it's the best way to get information about job openings.	첫째로, 온라인으로 최신 정보를 이용할 수 있습니다. 구체적으로 말하면, 웹은 가장 빠르고 가장 많은 사람에게 정보를 전달하기 때문에 사람들은 그곳에 모든 것을 게시합니다. 그래서, 이것이 구인 공고에 대한 정보를 얻는 가장 좋은 방법입니다.
장점 2 + 근거	**Secondly**, I can easily compare multiple job openings at the same time if I do my research online. **For example**, I can check the working conditions of different jobs side-by-side and decide which is better for me before applying.	둘째로, 온라인으로 조사를 한다면 많은 구인 공고들을 동시에 쉽게 비교할 수 있습니다. 예를 들면, 저는 지원하기 전에 다양한 직업들의 근무 조건을 나란히 확인할 수 있고 어떤 것이 저에게 더 나은지 결정할 수 있습니다.
마무리	**Therefore, I think** these are some of the advantages of finding job-related information online.	그러므로, 저는 이것들이 온라인으로 직업 관련 정보를 찾는 것의 몇 가지 장점이라고 생각합니다.

> **답변 Tip** '온라인으로 최신 정보를 이용할 수 있다'(the latest information is available online)는 내용은 다음과 같은 질문에 대한 답변으로도 제시할 수 있어요.
> · 인터넷이 정보를 얻는 가장 좋은 수단이라는 것에 대한 찬성/반대
> · 새로운 직업 기술을 가르치는 수단으로서 온라인과 책 중 선호하는 것

어휘 **available** [əvéiləbl] 이용할 수 있는 **communicate** [kəmjú:nəkèit] 전달하다, 의사소통하다 **job opening** 구인 공고
compare [kəmpéər] 비교하다 **working condition** 근무 조건 **side-by-side** [sàidbaisáid] 나란히 **apply** [əplái] ~에 지원하다

Actual **TEST** 04

Q1 뉴스

Welcome to ⌐고유명사·외래어⌐ **BAC Action News** . (↘) // I'm **Brian Walters** . (↘) // ⌐연음⌐ (Our lead) story tonight is the **announcement** that **electronics** **manufacturer** **Q-Tech** will (open a) factory (here in) **Springvale** . (↘) // The **state-of-the-art plant** (is expected to) **employ 400 local workers**, (↗) / **increase tax revenue**, (↗) / and **help renew the city's west side**. (↘) // For more on this, (↗) / here's business reporter **Kate Lee** . (↘) //

BAC Action News에 오신 것을 환영합니다. 전 Brian Walters입니다. 오늘 밤 주요 뉴스는 전자 기기 제조사 Q-Tech가 이곳 Springvale 에 공장을 열 것이라는 발표입니다. 이 최첨 단 공장은 400명의 현지 근로자들을 고용하 고 세수를 증가시키며, 도시의 서쪽 지역을 재 개하는 데 도움을 줄 것으로 예상됩니다. 자세 한 내용은, 비즈니스 리포터 Kate Lee가 전달 하겠습니다.

 · 지역의 새로운 소식을 알리는 뉴스이므로, 새로운 소식의 주체와 관련된 정보를 강조하며 읽으세요.
· is expected to[ízikspéktidtu]와 같이 세 단어가 연음되는 경우, 자연스럽게 연결해서 발음하세요.

어휘 **lead story** 주요 뉴스, 머리 기사 **electronics** [ilektrániks] 전자 기기, 전자 공학
manufacturer [mænjufǽkʃərər] (상품을 대량으로 만들어 내는) 제조사(자) **state-of-the-art** [stéitəvðiáːrt] 최첨단의, 최신식의
plant [plænt] 공장, 식물 **tax revenue** 세수(입) **renew** [rinjúː] 재개하다

Q2 자동 응답 메시지

You've reached ⌐고유명사·외래어⌐ **Carrey's Restaurant** . (↘) // We're **currently closed**. (↘) // Our **dining room** (is open) **Tuesdays** through **Sundays**, (↗) / from **four P.M. to ten P.M.** (↘) // ⌐연음⌐ (If you're **interested in**) **hiring** us **to cater** your next event , (↗) / please **stay** on the **line** and (leave a) message . (↘) // We'll **get back** to you (as soon as) we can. (↘) //

Carrey의 식당에 연결되셨습니다. 저희는 현 재 영업하지 않습니다. 저희 식당은 화요일부 터 일요일까지 오후 4시부터 10시까지 영업합 니다. 만약 다음 행사 음식 공급을 위해 저희 를 채용하고 싶으시다면 전화를 끊지 말고 메 시지를 남겨주세요. 가능한 한 빨리 연락 드리 겠습니다.

· 자동 응답 메시지이므로, 메시지에 남길 업체의 이름과 내용을 강조하며 읽으세요.
· if you're interested in[ifjuəríntərəstidin], as soon as[əzsuːnəz]와 같이 세 단어 이상이 연음되는 경우, 자연스럽게 연결해서 발음하세요.
· event[ivént], message[mésidʒ]와 같은 외래어를 정확한 영어식 발음으로 읽으세요..

어휘 **reach** [riːtʃ] ~에 연결되다, ~에 이르다 **cater** [kéitər] (사업으로 행사에) 음식을 공급하다

Q3 여러 사람이 중심인 사진

 답변 표현

사진이 찍힌 장소 • at a camping site

중심대상
• a woman with short, curly hair taking a picture, wearing shorts and a checkered shirt

주변대상
• in front of her, a group of people, smiling for the camera
• behind them, tents and a string of colorful flags tied to trees

느낌 및 의견
• the campers, having a great time together

🕐 모범 답변

장소	🎙 **This photo was taken** at a camping site.	이 사진은 캠핑장에서 찍혔습니다.
중심 대상	**The first thing I see is** a woman with short, curly hair taking a picture. She is wearing shorts and a checkered shirt.	처음에 보이는 것은 짧은 곱슬머리의 여자가 사진을 찍고 있는 것입니다. 그녀는 반바지와 체크무늬 셔츠를 입고 있습니다.
주변 대상	**In front of her,** a group of people are smiling for the camera. **Behind** them, I can see tents and a string of colorful flags tied to trees.	그녀의 앞에는, 한 무리의 사람들이 카메라를 향해 미소 짓고 있습니다. 그들의 뒤에는, 텐트와 나무에 줄로 매여 있는 형형색색의 깃발들이 보입니다.
느낌 및 의견	**Generally, it appears that** the campers are having a great time together.	전반적으로, 야영객들은 함께 즐거운 시간을 보내고 있는 것처럼 보입니다.

> 답변 Tip 여러 사람들을 묘사할 때는 people(사람들)이라는 표현 대신에 a group of people(한 무리의 사람들)이라는 표현을 쓸 수 있어요.

어휘 **string**[striŋ] (여러 개의 사물을 함께 엮어 놓은) 줄 **flag**[flæg] 깃발

Q4 소수의 사람이 중심인 사진

Test 01 Test 02 Test 03 Test 04 Test 05 Test 06 Test 07 Test 08 Test 09 Test 10 5일 만에 끝내는 해커스 토익스피킹 실전모의고사 15회

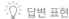 답변 표현

사진이 찍힌 장소 • at a grocery store

중심대상
- a man, holding a fridge handle, having dark brown hair and a beard, wearing a blue jacket
- in front of him, a cart filled with some vegetables and fruit

주변대상
- distance, two people, also browsing the refrigerated foods section

느낌 및 의견
- a slow day at the store

🔊 모범 답변

장소	🎤 **This picture was taken** at a grocery store.	이 사진은 식료품점에서 찍혔습니다.
중심 대상	**What I notice first is** a man holding a fridge handle. He has dark brown hair and a beard, and is wearing a blue jacket. **In front of him,** there is a cart filled with some vegetables and fruit.	처음에 보이는 것은 냉장고 손잡이를 잡고 있는 남자입니다. 그는 짙은 갈색 머리와 턱수염이 있고, 파란색 재킷을 입고 있습니다. 그의 앞에는, 약간의 야채와 과일로 채워진 카트가 있습니다.
주변 대상	**In the distance,** two people are also browsing the refrigerated foods section.	멀리에 두 사람 역시 냉장식품 코너를 둘러보고 있습니다.
느낌 및 의견	**Overall, it seems like** a slow day at the store.	전반적으로, 한가로운 가게의 모습인 것 같아 보입니다.

고득점 Tip 식료품점과 같은 가게가 배경인 사진의 경우, browsing the refrigerated foods section(냉장식품 코너를 둘러보다), pushing a cart(카트를 밀고 있다), standing in line to buy some food(약간의 식품을 사기 위해 줄을 서 있다)와 같은 표현을 사용하여 사진을 묘사할 수 있어요.

어휘 **fridge**[fridʒ] 냉장고 **browse**[brɑuz] (가게 안의 물건들을) 둘러보다 **refrigerated**[rifrídʒəréited] 냉장한

Q5-7 지인 통화: 요리

Imagine that you are talking to a friend on the telephone. You are having a conversation about cooking.	당신이 한 친구와 전화로 이야기하고 있다고 가정해 봅시다. 당신은 요리에 관해 이야기하고 있습니다.

Question 5

🎧 **Q:** How often do you cook, and what types of food do you usually make?

🎤 **A:** I cook dinner for myself and family almost every evening, and I usually make Korean food.

> **답변 Tip** 이외에도 빈도를 묻는 질문에 대해서는 once a week(일주일에 한 번), two times a day(하루에 두 번)와 같은 표현으로 답변할 수 있어요.

얼마나 자주 요리를 하고, 어떤 종류의 음식을 주로 만드니?

나는 거의 매일 저녁 나 자신과 가족을 위해 저녁 식사를 요리하고, 주로 한식을 만들어.

Question 6

🎧 **Q:** That sounds good. How long does it take you to make a meal?

🎤 **A:** Well, it depends on what I'm making, but on average it takes about an hour from start to finish.

어휘 on average 평균적으로

좋네. 식사를 만드는 데 얼마나 걸리니?

글쎄, 무엇을 만드는가에 따라 다르기는 한데, 처음부터 끝까지 평균적으로 한 시간 정도 걸려.

Question 7

🎧 **Q:** I'd like to learn how to cook. Do you have suggestions about where I can learn?

🎤 **A:** Yes, I suggest you use the Internet to find good recipes. First, I would recommend searching online for good recipes. There are many Web sites with detailed recipes that you can download for free. In addition, you should watch videos of people cooking similar types of food. This is the fastest way of learning new recipes. So, I definitely think you can learn how to cook online.

어휘 recipe[résəpi] 조리법, 요리법 detailed[detéild] 상세한

나도 요리하는 방법을 배우고 싶어. 어디서 배울 수 있는지 제안해 줄 수 있어?

응, 나는 좋은 조리법을 찾기 위해 인터넷을 사용하는 것을 제안해. 첫째로, 나는 좋은 조리법을 인터넷에 검색해 볼 것을 추천해. 그곳에는 무료로 다운로드할 수 있는 상세한 조리법이 있는 웹사이트들이 많이 있어. 이 외에도, 너는 비슷한 종류의 음식을 요리하는 사람들의 동영상을 봐야해. 그것이 새로운 조리법을 배우는 가장 빠른 방법이야. 그래서 나는 네가 온라인으로 요리하는 법을 배울 수 있다고 생각해.

고등학교 동창 야유회 일정표

Saint Paul High School 10-Year Reunion Picnic
Come join the fun!

[8]August 23, 11 A.M.-5 P.M.

Riverside Park

TIME	EVENT	LOCATION
[8]11:00 - 12:00	[8]Cocktails and Catch-Up	Riverside Park Lounge
12:00 – 2:00	Lunch - Chicken and Hot Dog BBQ	Picnic Area
[10]2:00 – 3:00	[10]Frisbee and Kite Flying	[10]Lower Meadow [10](1km south of Picnic Area)
[10]3:00 – 4:00	[10]Talent Show	[10]Grainger Auditorium
[10]4:00 - 5:00	[10]Speeches and Slide Shows	[10]Grainger Auditorium

[9]* Family members, including children, are welcome.

** Please confirm whether you will attend by August 10.

Saint Paul 고등학교 10년 동창 야유회
오셔서 즐거움에 동참하세요!

[8]8월 24일, 오전 11시–오후 5시
Riverside 공원

시간	행사	장소
[8]11:00 – 12:00	[8]칵테일과 회포 풀기	Riverside 공원 대합실
12:00 – 2:00	점심 식사 – 치킨과 바비큐 핫도그	야유회장
[10]2:00 – 3:00	[10]원반던지기 및 연날리기	[10]Lower Meadow [10](야유회장에서 남쪽 1km)
[10]3:00 – 4:00	[10]장기자랑	[10]Grainger 강당
[10]4:00 – 5:00	[10]연설 및 슬라이드쇼	[10]Grainger 강당

[9]* 어린이를 포함한 가족 구성원을 환영합니다.

** 8월 10일까지 참석여부를 확인 부탁드립니다.

🎧 미국식 발음

Hello. I am one of the Saint Paul High School graduates, and I plan to attend the reunion picnic. I just have a few questions.

안녕하세요. 저는 Saint Paul 고등학교 졸업생 중 한 명이며, 동창 야유회에 참석할 계획입니다. 저는 몇 가지 질문이 있습니다.

어휘 **reunion** [rijú:njən] 동창(회), 재회 **catch-up** [kǽetʃʌp] 회포풀기, 따라잡기 **frisbee** [frízbi] 원반 던지기, 프리스비 **talent show** 장기자랑
auditorium [ɔ́:ditɔ́:riəm] 강당

Question 8

Q: What date is the picnic, and when does the first event start?

미국식 발음

A: The picnic will be held on August 23rd, and the first event, "Cocktails and Catch-Up" will start at 11 A.M.

야유회는 몇일이고, 첫 번째 행사는 언제 시작하나요?

야유회는 8월 23일에 열릴 것이고, 첫 번째 행사인 "칵테일과 회포 풀기"는 오전 11시에 시작할 예정입니다.

Question 9

Q: I was thinking of taking my children with me to the picnic. Is that OK?

미국식 발음

A: Sure, you can take your children with you to the picnic. Family members, including children, are welcome.

제 아이들을 데리고 야유회에 갈까 생각 중입니다. 괜찮을까요?

물론, 아이들을 데리고 야유회에 오셔도 됩니다. 어린이를 포함한 가족 구성원들을 환영합니다.

Question 10

Q: I'd like to know what we will be doing in the afternoon. Can you tell me what activities are planned after lunch?

미국식 발음

A: Sure. There are three activities planned after lunch. The first activity is frisbee and kite flying beginning from 2 P.M. at Lower Meadow. Please note that this is 1km south of the picnic area. After that, we will have a talent show from 3 to 4 P.M., and then speeches and slide shows will be given from 4 to 5 P.M. Both activities will take place in the same place, the Grainger auditorium.

오후에 무엇을 할지 알고 싶습니다. 점심 식사 후 어떤 활동들이 계획되어 있는지 저에게 알려주실 수 있나요?

물론이죠. 점심 식사 후 세 가지 활동이 계획되어 있습니다. 첫 번째 활동은 오후 2시에 Lower Meadow에서 시작되는 원반던지기와 연날리기입니다. 이 장소는 야유회장애서 남쪽으로 1km 떨어진 곳에 있다는 점에 유의해 주십시오. 그 후, 우리는 오후 3시에서 4시까지 장기자랑을 할 것이고, 오후 4시부터 5시까지 연설과 슬라이드쇼가 진행될 것입니다. 두 활동 모두 같은 장소인 Grainger 강당에서 열릴 것 입니다.

Q11 찬반형: 초과 근무

미국식 발음
Do you agree or disagree with the following statement?

Employees should not be required to work overtime.

Use specific ideas and examples to support your opinion.

다음 진술에 찬성하시나요, 반대하시나요?

직원들은 초과 근무하는 것을 요구당해 서는 안된다.

당신의 의견을 뒷받침하기 위해 구체적인 이유 와 예를 사용하세요.

답변 아이디어

나의 의견	동의함 agree
이유 1	제시간에 퇴근하면 스트레스를 훨씬 덜 받음 experience a lot less stress when they go home on time
근거	초과 근무에 따른 과도한 업무량은 일과 삶의 균형을 깨고 직원들에게 더 많은 스트레스를 주는 결과를 낳게 됨 a heavy workload followed by working overtime tends to disrupt work-life balance, resulting in more stress on employees
이유 2	초과 근무가 업무 효율을 높인다는 것을 의미하지 않음 working overtime doesn't mean higher work efficiency
근거	처리해야 할 것들이 많으면, 업무를 놓치기 쉬움 more things to manage simultaneously, so it's easier to lose track of tasks

모범 답변

나의 의견

🎤 **I agree that** employees should not be required to work overtime for several reasons.

이유 1 + 근거

First, employees experience a lot less stress when they go home on time. **To be specific,** a heavy workload followed by working overtime tends to disrupt work-life balance, resulting in more stress on employees.

이유 2 + 근거

Secondly, working overtime doesn't mean higher work efficiency. **For instance,** more work means that there are more things to manage simultaneously, so it's easier to lose track of tasks.

마무리

For these reasons, I think employees should not be required to work overtime.

저는 몇 가지 이유로 직원들이 초과 근무 하는 것을 요구당해서는 안 된다는 것에 찬성합니다.

첫째로, 직원들은 제시간에 퇴근하면 스트레스를 훨씬 덜 받습니다. 구체적으로 말하면, 초과 근무 에 따른 과도한 업무량은 일과 삶의 균형을 방해 하고 직원들에게 더 많은 스트레스를 주는 결과 를 낳게 됩니다.

둘째로, 초과 근무가 업무 효율을 높인다는 것을 의미하지 않습니다. 예를 들어, 일이 많은 것은 동 시에 처리해야 할 것들이 많다는 의미이고, 따라 서 업무를 놓치기 쉽습니다.

이러한 이유로, 저는 직원들이 초과 근무 하는 것 을 요구당해서는 안 된다고 생각합니다.

답변 Tip '직원들은 제시간에 집에 가면 스트레스를 훨씬 덜 받습니다'(employees experience a lot less stress when they go home on time)는 내용은 다음과 같은 질문에 대한 답변으로도 제시할 수 있어요.
· 한 가지 업무에만 집중하는 것이 다양한 업무를 동시에 하는 것보다 더 높은 생산성을 가져온다는 것에 대한 찬성/반대

어휘 **work overtime** 초과 근무하다, 시간외로 일하다 **go home** 퇴근하다, 집에 가다 **workload** [wɜ́rkloud] 업무량, 작업량 **tend to** (~하는) 경향이 있다 **disrupt** [disrʌ́pt] 방해하다, 지장을 주다 **work efficiency** 업무 효율, 작업 효율 **simultaneously** [sàiməltéiniəsli] 동시에 **lose track of** ~을 놓치다

Actual TEST 05

Q1 소개

Our **next speaker** is Tim Jenkins . (↘) // Tim is **much more** than
a chess champion . (↘) // He is **also** an **author**, (↗) / a **business**
owner, (↗) / and an **environmental activist**. (↘) // He's here
to talk about the **incredible work** he's doing to help protect the
rainforests. (↘) // So **please** give a big round of **applause** for Tim
Jenkins ! (↘) //

> 우리의 다음 연사는 Tim Jenkins입니다. Tim은 체스 챔피언 이상입니다. 그는 작가, 사업가, 그리고 환경 운동가이기도 합니다. 그는 열대우 림을 보호하기 위해 그가 하고 있는 놀라운 일에 대해 이야기하러 이곳에 있습니다. 그러므로 Tim Jenkins에게 큰 박수를 보냅시다!

답변 Tip
· 연사 소개이므로, 연사의 이름과 경력을 강조하며 읽으세요.
· round of applause[rəundəv; əplɔ́:z]와 같이 세 단어가 연음되는 경우, 자연스럽게 연결해서 발음하세요.
· incredible에서 혼동하기 쉬운 'l'과 'r'발음에 주의하며 읽으세요

어휘   **activist**[ǽktəvíst] 운동가, 활동가   **incredible**[inkrédəbl] 놀라운, 믿을 수 없는   **rainforest**[réinfɔ:rːst] 열대 우림

Q2 안내

Thank you for coming to the Michigan City Museum of Fine Art .
(↘) // I'll be your tour guide . (↘) // In a moment I'll take you
into the Turner Gallery , (↗) / where we have a **collection** of
landscape paintings, (↗) / **portraits**, (↗) / and **sculptures**.
(↘) // After that, (↗) / we'll go up to the **second floor** to see the
Modern Wing . (↘) //

> Michigan 시립 미술 박물관에 와 주셔서 감사합니다. 제가 관광 안내원이 되어 드리겠습니다. 잠시 후에 당신을 풍경화, 초상화, 그리고 조각품 수집이 있는 Turner 갤러리로 모시겠습니다. 그 후에, 우리는 Modern Wing을 보기 위해 2층으로 올라가겠습니다.

답변 Tip
· 시립 미술 박물관에 대한 안내이므로, 층별로 전시되어 있는 작품의 종류를 강조하며 읽으세요.
· Michigan[míʃigən] 같은 고유명사에 주의하며 읽으세요.
· Gallery에서 혼동하기 쉬운 'l'과 'r' 발음에 주의하며 읽으세요.

어휘   **collection**[kəlékʃɑn] 수집, 모음   **landscape painting** 풍경화   **portrait**[pɔ́:rtrit] 초상화   **sculpture**[skʌ́ptʃər] 조각품

Q3 소수의 사람이 중심인 사진

 답변 표현

사진이 찍힌 장소 · outdoors

중심대상
- a woman with short, blond hair, standing in the back of the truck and handing a box over to a man in front of her
- the man, reaching for the box

주변대상
- another man in a red cap and a T-shirt holding a box in front of a house.

느낌 및 의견
- some people, moving in

모범 답변

장소	**This photo was taken** outdoors.	이 사진은 야외에서 찍혔습니다.
중심 대상	**What I notice first is** a woman with short, blond hair. She is standing in the back of the truck and handing a box over to a man in front of her. The man is reaching for the box.	처음에 보이는 것은 짧은 금발 머리의 여자입니다. 그녀는 트럭 뒤 칸에서 서 있고 그녀 앞에 있는 남자에게 상자를 건네주고 있습니다. 그 남자는 그 상자를 향해 손을 뻗고 있습니다.
주변 대상	**In the background,** I can see another man in a red cap and a T-shirt holding a box in front of a house.	배경에는, 빨간색 모자와 티셔츠를 입은 다른 남자가 집 앞에서 상자를 들고 있는 것이 보입니다.
느낌 및 의견	**Overall, it appears that** some people are moving in.	전반적으로, 몇몇 사람들이 이사 오고 있는 것처럼 보입니다.

> **답변 Tip** 짐을 나르는 배경의 사진을 묘사할 때는 standing/working in the back of the truck(트럭의 뒤 칸에 서있는/일하고 있는 중이다), handing a box over(상자를 건네 주는 중이다), moving in/out(이사를 오고 있는/가고 있는 중이다)와 같은 표현을 사용할 수 있어요.

어휘　move in 이사 오다

Q4 배경이나 사물이 중심인 사진

사진이 찍힌 장소 · the beach

중심대상
- a wooden sofa with yellow cushions at the center of the photo, surrounded by big palm trees

주변대상
- in front of it, several beach umbrellas and empty chairs
- distance, the blue sea water, shining in the sunlight

느낌 및 의견
- a peaceful day

⏱️ 모범 답변

장소	🎤 **This is a picture of** the beach.	이 사진은 해변에서 찍혔습니다.
중심대상	**The first thing I see is** a wooden sofa with yellow cushions at the center of the photo. The sofa is surrounded by big palm trees.	처음에 보이는 것은 사진 중앙에 노란색 쿠션이 있는 나무 소파입니다. 그 소파는 큰 야자나무들로 둘러싸여 있습니다.
주변대상	**In front of it,** there are several beach umbrellas and empty chairs. **In the distance,** the blue sea water is shining in the sunlight.	그 앞에는, 몇 개의 해변 파라솔과 빈 의자들이 있습니다. 멀리에, 파란 바닷물이 햇빛에 빛나고 있습니다.
느낌 및 의견	**Generally, it seems like** a peaceful day.	전반적으로, 평화로운 날처럼 보입니다.

> **답변 Tip** 해변이 배경인 사진을 묘사할 때는 the blue sea water is shining in the sunlight(파란 바닷물이 햇빛에 빛나고 있습니다), a peaceful day(평화로운 날)와 같은 표현을 사용할 수 있어요.

어휘 **palm tree** 야자나무 **peaceful**[píːsfəl] 평화로운

Q5-7 전화 설문: 식료품 구매

Imagine that a Canadian marketing company is doing research in your country. You have agreed to participate in a telephone interview about grocery shopping.	캐나다의 한 마케팅 회사가 당신의 나라에서 설문 조사를 하고 있다고 가정해 봅시다. 당신은 대한 식료품 구매에 대한 전화 인터뷰에 참여하기로 동의했습니다.

Question 5

🎧 **Q:** How often do you go shopping for groceries, and where do you usually go?

미국식 발음

🎤 **A:** I go shopping for groceries about once a week, and I usually go to a wholesale market called FreshSavers.

어휘 **grocery**[gróusəri] 식료품 **wholesale**[houlséil] 도매의

얼마나 자주 식료품을 사러 가고, 주로 어디로 가나요?

저는 거의 일주일에 한 번씩 식료품을 사러 가고, 주로 FreshSavers라는 도매 시장에 갑니다.

Question 6

🎧 **Q:** And what kind of things do you usually buy there?

미국식 발음

🎤 **A:** I usually buy fruit and vegetables there. The fruit and vegetables there are fresh and are usually available at a reasonable price.

어휘 **reasonable**[ríːzənəble] 합리적인

그리고 그곳에서 주로 어떤 종류의 물건을 사나요?

저는 주로 그곳에서 과일과 야채를 삽니다. 그곳의 과일과 야채는 신선하고 보통 합리적인 가격에 구입할 수 있습니다.

Question 7

🎧 **Q:** Which factor do you consider the most when you go grocery shopping?

미국식 발음

- Price
- Location
- Selection of foods that are available

🎤 **A:** When I go grocery shopping, I consider the price the most important factor. First, a low price lets me buy a large quantity without spending too much, so I can make more meals for my family. In addition, if I can save on groceries, I can spend more money on activities with my family. Therefore, I definitely think that price is the factor I consider the most when choosing grocery stores.

식료품을 구매하러 갈 때 어떤 요소를 가장 많이 고려하나요?

- 가격
- 위치
- 다양하게 구비된 음식

저는 식료품을 구매하러 갈 때 가격을 가장 중요하게 고려합니다. 첫째로, 저렴한 가격으로 많은 돈을 쓰지 않고 많은 양을 살 수 있기 때문에 가족을 위해 더 많은 식사를 만들 수 있습니다. 게다가, 식료품에서 돈을 절약한다면, 가족과 함께 하는 활동에 더 많은 돈을 쓸 수 있습니다. 그러므로, 저는 식료품점을 선택할 때 가격이 가장 고려되는 요소라고 생각합니다.

Q8-10 개인 출장 일정표

Travel Schedule for Jamie Anderson, Sales Manager		영업 부장 Jamie Anderson의 출장 일정	
Sunday, [8]October 30		**[8]10월 30일, 일요일**	
[8]9:00 a.m.	Fly to Toronto[8](Flight: #578)	[8]오전 9시	토론토 출발 [8](항공편: #578)
12:00 p.m.	Hotel Check-In(Hilltop Hotel)	오후 12시	호텔 체크인 (Hilltop 호텔)
3:00 p.m.	City Sightseeing Tour (Toronto Double-decker Tours)	오후 3시	도시 관광 투어 (토론토 Double-decker 투어)
[10]Monday, October 31		**[10]10월 31일, 월요일**	
[10]9:30 a.m.	[10]Sales Training Workshop [10](JT Distributors Headquarters)	[10]오전 9시30분	[10]영업직 교육 워크샵 [10](JT 총판 본사)
[10]1:00 p.m.	[10]Factory Tour[10](JT Manufacturing Center)	[10]오후 1시	[10]공장 견학 [10](JT 제조 센터)
[10]4:00 p.m.	[10]Sales Team Meeting [10](Hilltop Hotel Conference Center)	[10]오후 4시	[10]영업팀 회의 [10](Hilltop 호텔 대회의장)
[9]Tuesday, November 1		**[9]11월 1일, 화요일**	
12:00 p.m.	Lunch with JT Board Members (Blue Moon Bistro)	오후 12시	JT 이사회진과 함께하는 오찬 (Blue Moon 식당)
[9]7:00 p.m.	[9]Orchestra Concert[9](Ontario Royal Orchestra)	[9]오후 7시	[9]오케스트라 콘서트 [9](Ontario Royal 오케스트라)
11:00 p.m.	Fly to Ottawa(Flight: #397)	오후 11시	오타와 출발(항공편: #397)

미국식 발음 🎧

Hello, this is Jamie Anderson. I can't find the schedule for my trip to Toronto next week. Could you fill me in on some of the details?	여보세요, Jamie Anderson입니다. 다음 주 토론토 출장 일정을 못 찾겠습니다. 저에게 자세한 내용 좀 알려 주시겠어요?

어휘 **flight**[flɑit] 항공편, 비행 **sightseeing**[sáitsiːiŋ] 관광 **distributor**[distríbjutər] 총판 **headquarters**[hèdkwɔrtərz] 본사
bistro[bistrou] (작은) 식당 **board**[bɔːrd] 이사회

Question 8

Q: When is my flight to Toronto, and what is the flight number?

미국식 발음

A: You will take a flight to Toronto on October 30th at 9:00 A.M., and the flight number is 578.

토론토로 가는 비행은 언제이고, 항공편 번호는 몇 번인가요?

당신은 10월 30일 오전 9시에 토론토로 가는 비행기를 탈 예정이며, 항공편 번호는 578입니다.

Question 9

Q: I heard that I'll be going to the orchestra concert on Sunday. Is that right?

미국식 발음

A: I'm sorry, but that information is incorrect. The orchestra concert is scheduled for Tuesday, November 1st. It will start at 7 P.M. and the Ontario Royal Orchestra will perform at the concert.

일요일에 오케스트라 콘서트에 간다고 들었습니다. 맞나요?

죄송하지만, 그 정보는 정확하지 않습니다. 오케스트라 콘서트는 11월 1일 화요일에 예정되어 있습니다. 그것은 저녁 7시에 시작할 것이고, Ontario Royal 오케스트라가 공연할 것입니다.

Question 10

Q: Can you let me know what I'll be doing on the second day of my trip?

미국식 발음

A: Sure. First, you will attend a sales training workshop at 9:30 A.M., and the workshop will take place at the JT distributors headquarters. After that, you will go on a factory tour at the JT manufacturing center, which will be held at 1 P.M. Finally, the last event of the second day is a sales team meeting at 4 P.M., which will take place at the Hilltop hotel conference center.

여행 둘째 날에 무엇을 할지 알려줄 수 있나요?

물론이죠. 첫째로, 당신은 오전 9시 30분에 영업직 교육 워크숍에 참석할 것이며, 워크숍은 JT 총판 본사에서 열릴 것입니다. 그 후, 오후 1시에 열리는 JT 제조 센터에서 공장 견학을 갈 것입니다. 마지막으로, 둘째 날 마지막 행사는 오후 4시 Hilltop 호텔 대회의장에서 열리는 영업직 회의입니다.

Test 01 Test 02 Test 03 Test 04 **Test 05** Test 06 Test 07 Test 08 Test 09 Test 10

5일 만에 끝내는 해커스 토익스피킹 실전모의고사 15회

Q11 장 · 단점: 혼자 공부하는 것

미국식 발음
What are the advantages of studying alone compared to studying in a group?

Give reasons and specific examples to support your opinion.

혼자 공부하는 것의 장점은 그룹으로 공부하는 것에 비해 무엇인가요?

당신의 의견을 뒷받침하기 위해 이유와 구체적인 예를 제시하세요.

💡 답변 아이디어

장점 1	자신의 속도에 맞춰 공부하는 것이 가능함 it's possible to study at your own pace
근거	만약 어떤 주제에 대해 더 잘 알고 있는 사람들과 공부한다면, 그들은 그 정보를 건너뛸 경향이 있음 if you study with people who are more familiar with a subject than you, they are likely to skip over the information
장점 2	그룹으로 공부하는 것은 종종 경쟁심리 때문에 집중이 안될 수 있음 studying in a group can be distracting because there's often a sense of competition
근거	어떤 사람들은 다른 사람들을 돕는 것보다 그들이 알고 있는 것을 과시하는 것에 관심이 있는데, 이것은 거슬릴 수 있음 some people are more interested in showing off what they know than helping others, which can be annoying

⏱ 모범 답변

나의 의견	🎙 **I think that** there are a couple of major advantages to studying alone when compared to studying in a group.	혼자 공부하는 것에는 그룹으로 공부하는 것에 비해 몇 가지 주요한 장점이 있다고 생각합니다.
이유 1 + 근거	**First of all,** it's possible to study at your own pace, without worrying if you are too fast or too slow compared to others in the group. **For instance,** if you study with people who are more familiar with a subject than you, they are likely to skip over information you want to study in more detail.	첫째로, 그룹의 다른 구성원들에 비해 너무 빠르거나 너무 느리지 않은지 걱정하지 않고 자신의 속도에 맞춰 공부하는 것이 가능합니다. 예를 들어, 만약 어떤 주제에 대해 더 잘고 있는 사람들과 공부한다면, 그들은 당신이 더 자세하게 공부하고 싶은 정보를 건너뛸 경향이 있을 것입니다.
이유 2 + 근거	**Secondly,** studying in a group can be distracting because there is often a sense of competition. **To be specific,** some people are more interested in showing off what they know than helping others, which can be annoying.	둘째로, 그룹으로 공부하는 것은 종종 경쟁심리 때문에 집중이 안 될 수 있습니다. 구체적으로 말하면, 어떤 사람들은 다른 사람들을 돕는 것보다 그들이 알고 있는 것을 과시하는 것에 관심이 있는데, 이것은 거슬릴 수 있습니다.
마무리	**Therefore, I think** there are clear advantages to studying alone.	그러므로, 혼자 공부하는 것에 분명히 장점이 있다고 생각합니다.

어휘   **pace**[peis] 속도   **subject**[sʌ́bdʒikt] 주제, 과목   **skip**[skip] (일을) 건너뛰다, 생략하다
distracting[distrǽktiŋ] 집중이 안 되게 하는, 마음을 산란케 하는   **show off** 과시하다, 으스대다   **annoying**[ənɔ́iiŋ] 거슬리는, 짜증스러운

Actual TEST 06

Q1 자동 응답 메시지

Lily Pad Hotel and Resort의 주 회선에 전화 주셔서 감사합니다. 다음의 메뉴를 주의 깊게 들으시고, 적절한 번호를 선택해 주십시오. 접객 담당자는 1번, 안내 데스크는 2번, 시설 관리과는 3번을 눌러 주시기 바랍니다. 항상 기꺼이 여러분께서 원하시는 것을 해 드리겠습니다. Lily Pad Hotel and Resort에서 즐거운 숙박 되시기를 바랍니다.

- 휴양 시설의 자동 응답 메시지이므로, 시설의 이름과 번호에 따른 연결 정보를 강조하며 읽으세요.
- hotel[houtél], resort[rizɔ́:rt]와 같은 외래어를 정확한 영어식 발음으로 읽으세요.
- 접속사 and나 or 앞에서 끊어 읽으세요.
- appropriate[əpróupriət], concierge[kɑ̀:nsiéərʒ], housekeeping[háuskì:piŋ]과 같은 3음절 이상의 단어들의 강세를 잘 지켜 읽으세요.

어휘   appropriate[əpróupriət] 적절한   concierge[kɑ̀:nsiéərʒ] (호텔 등의) 접객 담당자   front desk[frʌ̀nt désk] 안내 데스크
housekeeping[háuskì:piŋ] (호텔 등의) 시설 관리과, 살림

Q2 공지

Major **construction work** will take (place on) | Carolina Road | / during the (month of) July.(↘) // While the road will **remain open** to traffic, / **three** of the four **lanes** will **close**, / so there will be **considerable delays**.(↘) // During busier times, / (like in) the **mornings**,(↗) / **evenings**,(↗) / (and on) the **weekends**, / (drivers are) (advised to) **seek alternate** routes.(↘) // We will continue to **post** (updates about) this construction work.(↘)

7월 한 달 동안 Carolina가에서 큰 공사 작업이 있을 것입니다. 도로는 계속 개통되어 있을 것이지만, 4차선 중 3차선이 폐쇄되어 상당한 지체가 있을 것입니다. 아침, 저녁, 그리고 주말 같이 더욱 붐비는 시간 동안에, 운전자들은 우회로를 찾기를 권장합니다. 저희는 이 공사 작업에 대한 최신 정보를 계속 게시할 것입니다.

- 도로 공사를 알리는 공지이므로, 공사 작업이 있을 도로와 붐비는 시간을 강조하며 읽으세요.
- construction[kənstrʌ́kʃən], considerable[kənsídərəbl], alternate[ɔ́:ltərnət]과 같은 3음절 이상의 단어들의 강세를 잘 지켜 읽으세요.
- 전치사구(during the month of July) 앞에서 끊어 읽으세요.
- month[mʌnθ]의 'o'는 '어', close[klouz]의 'o'는 '오우'로 발음하세요.

어휘   construction[kənstrʌ́kʃən] 공사, 건설   considerable[kənsídərəbl] 상당한, 꽤   delay[diléi] 지체, 지연   seek[si:k] 찾다
alternate route[ɔ́:ltərnət rú:t] 우회로   post[poust] 게시하다   update[ʌ̀pdéit] 최신 정보

Q3 소수의 사람이 중심인 사진

💡 답변 표현

사진이 찍힌 장소 ・ indoors

중심대상
・ a woman, sitting on a long bench, having her legs crossed, looking at a tablet computer on her lap

주변대상
・ next to her, a luggage cart with two bags inside
・ behind her, a wall with some electric outlets

느낌 및 의견
・ the woman, passing her time watching something on her tablet computer

🕐 모범 답변

장소	🎙 **This picture was taken** indoors.	이 사진은 실내에서 찍혔습니다.
중심대상	**The first thing I see is** a woman sitting on a long bench. She has her legs crossed and is looking at a tablet computer on her lap.	처음에 보이는 것은 긴 벤치에 앉아 있는 한 여자입니다. 그녀는 다리를 꼬고 앉아 있고 무릎 위에 있는 태블릿 컴퓨터를 보고 있습니다.
주변대상	**Next to her,** I see a luggage cart with two bags inside. **Behind her,** there is a wall with some electric outlets.	그녀 옆에는, 두 개의 가방이 있는 짐수레가 보입니다. 그녀 뒤에는, 전기 콘센트가 있는 벽이 보입니다.
느낌 및 의견	**Generally, it seems like** the woman is passing her time watching something on her tablet computer.	전반적으로, 여자는 태블릿 컴퓨터로 무언가를 보며 시간을 보내고 있는 것 같습니다.

> **답변 Tip** 장소를 정확히 말하기 어려운 사진의 경우 outdoors(야외) 또는 indoors(실내)라고 답변할 수 있어요.

어휘 **luggage cart** 짐수레 **electric outlet** 전기 콘센트 **pass time** 시간을 보내다

Q4 소수의 사람이 중심인 사진

답변 표현

사진이 찍힌 장소 · at a break room

중심대상
- two office workers
- a man, wearing a black tie and a jacket, standing and holding a cup
- next to him, a woman with blond hair, holding some documents

주변대상
- background, a coffee machine and some food on a countertop

느낌 및 의견
- two coworkers, taking a break from work

모범 답변

장소

🎙 **This picture was taken** at a break room.

중심대상

What I notice first is two office workers. A man wearing a black tie and a jacket is standing and holding a cup. **Next to him,** a woman with blond hair is holding some documents.

주변대상

In the background, I see a coffee machine and some food on a countertop.

느낌 및 의견

Overall, it seems like two coworkers are taking a break from work.

이 사진은 휴게실에서 찍혔습니다.

처음 보이는 것은 두 명의 직장인입니다. 검은색 넥타이를 매고 재킷을 입은 남자가 서서 컵을 들고 있습니다. 그의 옆에는, 금발의 여자가 서류들을 들고 있습니다.

배경에는, 조리대 위에 커피머신과 음식들이 보입니다.

전반적으로, 두 명의 동료가 일로부터 잠시 휴식을 취하고 있는 것 같습니다.

답변 Tip 휴게실, 주방과 같은 장소의 조리대 위에 물건이 많이 있을 때, many items are arranged/displayed/placed on a countertop과 같은 표현을 사용하여 묘사할 수 있어요.

어휘 document[dάkjumənt] 서류, 문서 **countertop**[káuntərtáp] (주방용) 조리대 **coworker**[kóuwə̀:rkər] (일의) 동료

Q5-7 전화 설문: 전시회

Imagine that an Australian magazine is writing a report. You have agreed to participate in a telephone interview about exhibitions.	호주의 한 잡지사가 보고서를 쓰고 있다고 가정해 봅시다. 당신은 전시회에 관한 전화 인터뷰에 참여하기로 동의했습니다.

Question 5

🎧 **Q:** When do you go to exhibitions, and how much time do you spend at one when you go?
호주식 발음

🎤 **A:** I go to exhibitions when there is a science-related one in town. I like to take my time looking at the exhibits, so I usually spend about two hours at an exhibition.

> **답변 Tip** 이외에도 a photo exhibition(사진 전시회), an art show(미술 전시회) 등에 간다고 답변할 수 있어요.

어휘 exhibition[èksəbíʃən] 전시(회) exhibit[igzíbit] 전시품

언제 전시회에 가고, 가면 한 전시회에서 얼마나 많은 시간을 보내나요?

저는 동네에서 과학 관련 전시회가 있을 때 전시회에 갑니다. 저는 전시품을 보는 것에 시간을 쓰는 것을 좋아해서, 보통 전시회에서 두 시간 정도를 보냅니다.

Question 6

🎧 **Q:** Would you ever go to the same exhibition twice?
호주식 발음

🎤 **A:** No, I probably would not go to the same exhibition twice. This is because I want to see as many different exhibits as possible.

어휘 probably[prá:bəbli] 아마

같은 전시회에 두 번 갈 건가요?

아니요, 저는 아마 같은 전시회에 두 번 가지는 않을 것입니다. 왜냐하면 가능한 한 다양한 전시품을 보고 싶기 때문입니다.

Question 7

🎧 **Q:** What are some advantages of taking a guided tour at an exhibition?
호주식 발음

🎤 **A:** There are some advantages of taking a guided tour over looking around an exhibition alone. First, the guide can make sure I won't miss any of the important exhibits. The guide can also give explanations of the exhibits, which will enrich my experience. Also, I can ask the guide questions and get answers right away.

어휘 miss[mis] 놓치다 give an explanation 설명하다 enrich[inrítʃ] 풍부하게 하다

전시회에서 가이드 투어를 받는 것의 장점은 무엇인가요?

전시를 혼자서 둘러보는 것에 비해 가이드 투어를 받는 것에는 몇 가지 장점이 있습니다. 첫째로, 가이드는 제가 중요한 전시품 중 어떤 것도 놓치지 않도록 해줄 수 있습니다. 가이드는 또한 전시품들에 관해 설명할 수 있고, 이는 제 경험을 풍부하게 할 것입니다. 또한, 저는 가이드에게 질문하고 곧바로 답을 얻을 수 있습니다.

Digital Marketing Conference

[8]July 10-11
[8]Kingsgate Conference Center
Single day: $50   Full conference: $70

[10]July 10		
10:00 A.M.	An Introduction to Online Marketing	Robert Elmore
12:00 P.M.	[9]Lunch (included in the fee)	
[10]2:00 P.M.	[10]Lecture: Using Social Media as a Brand	[10]Andrew Davis
3:30 P.M.	Workshop: Marketing Your Web site	Nicole Huber
[10]July 11		
[10]10:00 A.M.	[10]Case Studies from Successful Social Media Campaigns	[10]Philip Sierra
11:00 A.M.	How to Boost your Business with Big Data Analytics	Nicole Huber

디지털 마케팅 컨퍼런스

[8]7월 10일-11일
[8]Kingsgate 컨퍼런스 센터
하루: 50달러   전체 컨퍼런스: 70달러

[10]7월 10일		
오전 10시	온라인 마케팅 입문	Robert Elmore
오후 12시	[9]점심 (회비에 포함되어 있음)	
[10]오후 2시	[10]강의: 브랜드로서 소셜 미디어의 활용	[10]Andrew Davis
오후 3시 30분	워크숍: 웹사이트 마케팅	Nicole Huber
[10]7월 11일		
[10]오전 10시	[10]성공적인 소셜 미디어 캠페인 사례 연구	[10]Philip Sierra
오전 11시	빅데이터 분석을 통해 비즈니스를 끌어올리는 방법	Nicole Huber

미국식 발음

Hello. I'm planning to attend the Digital Marketing Conference and would like to ask some questions about the schedule.	안녕하세요. 저는 디지털 마케팅 컨퍼런스에 참석할 예정이고, 일정에 대해서 몇 가지 질문하고 싶습니다.

어휘   fee[fiː] 회비, 입장료   case study 사례 연구   boost[buːst] 끌어올리다, 신장시키다, 북돋우다   analytics[ǽnəlítiks] 분석, 분석 자료

Question 8

🎧**Q:** When and where will the conference be held?

미국식 발음

🎙️**A:** The online marketing conference will be held from July 10 to July 11 at the Kingsgate Conference Center.

컨퍼런스는 언제 어디에서 열릴 건가요?

온라인 마케팅 컨퍼런스는 7월 10일부터 11일에 Kingsgate 컨퍼런스 센터에서 열릴 것입니다.

Question 9

🎧**Q:** Do I have to bring my own lunch?

미국식 발음

🎙️**A:** No, actually you don't. Lunch will be provided. The price is included in the conference fee.

어휘 provide[prəváid] 제공하다

점심을 챙겨가야 하나요?

아니요, 그럴 필요 없습니다. 점심은 제공됩니다. 요금은 컨퍼런스 회비에 포함되어 있습니다.

Question 10

🎧**Q:** I'm interested in social media. Can you tell me about any sessions on this subject?

미국식 발음

🎙️**A:** Sure. There are two sessions on social media. The first is called "Using Social Media as a Brand." It will be presented by Andrew Davis on July 10 at 2 P.M. Also, there will be "Case Studies from Successful Social Media Campaigns" by Philip Sierra. It will start on July 11 at 10 A.M.

🔲 **모범**
Tip 발표 등의 담당자, 날짜, 시간을 함께 대답해야 하는 경우, It will be presented (발표할 것입니다) 표현 뒤에 전치사 by로 담당자를, on으로 날짜를, at으로 시간을 표현할 수 있어요.

어휘 session[séʃən] 발표, 회의 present[prizént] 발표하다, 주다, 제시하다

저는 소셜 미디어에 관심이 있습니다. 이 주제에 관한 발표들에 대해 말씀해 주실 수 있나요?

물론입니다. 소셜 미디어에 관한 2개의 발표가 있습니다. 첫 번째는 "브랜드로서 소셜 미디어의 활용" 입니다. Andrew Davis가 7월 10일 오후 2시에 발표할 것입니다. 또한 Philip Sierra의 "성공적인 소셜 미디어 캠페인 사례 연구"가 있을 것입니다. 그것은 7월 11일 오전 10시에 시작할 것입니다.

Q11 찬반형: 시사 문제

미국식 발음
Do you agree or disagree with the following statement?

Young people should be well-informed about current events.

Use specific reasons and examples to support your opinion.

다음의 진술에 동의하나요, 동의하지 않나요?

젊은 사람들은 시사 문제에 대해 잘 알고 있어야 한다.

당신의 의견을 뒷받침하기 위해 구체적인 이유와 예를 사용하세요.

답변 아이디어

나의 의견	동의함 agree
이유 1	젊은 사람들이 특정한 문제에 대한 자신의 입장을 정하는 것을 도움 helps young people decide their position on a specific issue
근거	내 친구는 지나친 개발에서 오는 환경 피해에 관해 읽은 후에, 과도한 지역 사회 개발 계획에 반대하기를 택했고 시위에 나가기도 했음 after my friend read about environmental damage from overdevelopment, he chose to oppose excessive community development projects and even went to protests
이유 2	새로운 사람들을 만날 때 유용함 useful when you meet new people
근거	사람들과 논의할 주제가 더 다양함 a wider variety of topics to discuss with people

모범 답변

나의 의견

🎤 **I agree that** young people should be well-informed about current events **for a few reasons**.

이유 1 + 근거

First of all, knowing about current events helps young people decide their position on a specific issue. **For example**, after my friend read about environmental damage from overdevelopment, he chose to oppose excessive community development projects and even went to protests.

이유 2 + 근거

Secondly, if you know about current events, this knowledge is useful when you meet new people. **To be specific**, there is a wider variety of topics to discuss with people because information about current events is available to everyone. You may even be able to make new friends based on the shared knowledge.

마무리

Therefore, I think young people should learn about current events.

저는 몇 가지 이유로 젊은 사람들이 시사 문제에 대해 잘 알고 있어야 한다는 것에 동의합니다.

첫째로, 시사 문제에 대해 아는 것은 젊은 사람들이 특정한 문제에 대한 자신의 입장을 정하는 것을 돕습니다. 예를 들면, 제 친구는 지나친 개발에서 오는 환경 피해에 관해 읽은 후에, 과도한 지역 사회 개발 계획에 반대하기를 택했고 시위에 나가기도 했습니다.

둘째로, 시사 문제에 대해 안다면, 이 지식은 당신이 새로운 사람들을 만날 때 유용합니다. 구체적으로 말하면, 시사 문제에 관한 정보는 모든 사람에게 통용되므로 사람들과 논의할 주제가 더 다양합니다. 당신은 심지어 공유된 지식을 바탕으로 새로운 친구를 사귈 수도 있을 것입니다.

그러므로, 저는 젊은 사람들이 시사 문제에 대해 배워야 한다고 생각합니다.

> **답변 Tip** 시사 문제와 같이 난이도 있는 주제에 답변할 때는, 자신이나 가까운 지인들이 겪은 구체적 사례를 들어 답변하면 더 쉬워요.

어휘 **well-informed**[wèl infɔ́ːrmd] 잘 아는, 박식한 **current event** 시사 문제 **position**[pəzíʃən] 입장, 위치 **specific**[spisífik] 특정한 **environmental**[invàiərənméntl] 환경의 **damage**[dǽmidʒ] 피해 **overdevelopment**[òuvərdivéləpmənt] 지나친 개발 **oppose**[əpóuz] 반대하다 **excessive**[iksésiv] 과도한 **community**[kəmjúːnəti] 지역 사회 **protest**[próutest] 시위, 항의

Actual TEST 07

Q1 공지

This **Thursday** from **one** to **three** P.M., / all employees of **Pearson Corporation** are requested to gather for a **company-wide meeting** / in the **conference center**.(↘) // We will review our **quarterly budget**,(↗) / **highlight** some successful **past strategies**,(↗) / and define our **goals** for the **next quarter**.(↘) // There will also be a **group discussion session**.(↘) // This meeting is **mandatory**, / so please do **not** miss it without justification.(↘)

이번 주 목요일 오후 1시부터 3시까지, Pearson Corporation의 모든 직원은 회의장에서 있을 전 직원회의를 위해 모여야 합니다. 저희는 분기별 예산을 검토하고, 몇 가지의 성공적인 지난 전략들을 강조하고, 다음 분기의 목표를 정할 것입니다. 또한 그룹 토론 시간도 있을 것입니다. 이 회의는 의무이니, 타당한 이유 없이 불참하지 마시기 바랍니다.

- 직원회의를 알리는 공지이므로, 회의 일정이나 논의할 내용을 강조하며 읽으세요.
- employee[èmplɔ́i:], meeting[mí:tiŋ]에 포함된 장모음(ee)은 길게 읽으세요.
- meeting[mí:tiŋ]에서 't'는 'ㄹ'과 같이 약하게 발음하세요.
- justify는 품사에 따라 강세가 달라지므로, 이에 주의하며 읽으세요.
  동 justify[dʒʌ́stəfài] 정당화하다 – 명 justification[dʒʌ̀stəfikéiʃən] 타당한 이유

어휘 **company-wide**[kʌ́mpəniwàid] 전 직원의, 회사 전체의 **quarterly**[kwɔ́:rtərli] 분기별의 **budget**[bʌ́dʒit] 예산, 재정 **highlight**[háilàit] 강조하다 **strategy**[strǽtədʒi] 전략 **define**[difáin] 정하다, 정의하다 **discussion**[diskʌ́ʃən] 토론 **session**[séʃən] (~을 하는) 시간, 모임 **mandatory**[mǽndətɔ̀:ri] 의무의, 필수의 **justification**[dʒʌ̀stəfikéiʃən] 타당한 이유, 정당화

Q2 안내

Would everyone please take their seats?(↗) // In a few minutes, / we will hear **opening remarks** from **executives** of the **National Trade Association**'s **governing council**, / who have proudly served the **organization** for the past **twenty years**. (↘) // They include **chairperson** **Elizabeth Frank**,(↗) / **vice chair** **Stephen Sotto**,(↗) / and **CEO** **Valerie Tommins**.(↘)

여러분 모두 자리에 앉아주시겠습니까? 잠시 후, 지난 20년간 조직에서 자랑스럽게 근무한 National Trade Association 운영위원회 임원들의 개회사를 듣게 될 것입니다. 그들은 Elizabeth Frank 회장, Stephen Sotto 부회장, Valerie Tommins CEO를 포함합니다.

- 운영위원회 프로그램 일부에 대한 안내이므로, 프로그램명과 세부 정보를 강조하며 읽으세요.
- council[káunsəl]에서 'i'는 '어'로 발음하세요.
- serve[sə:rv], vice[vais], Valerie[vǽləri]의 'v'를 'b' 발음으로 읽지 않도록 주의하며 읽으세요.

어휘 **opening remarks**[óupəniŋ rimá:rks] 개회사 **executive**[igzékjutiv] 임원, 대표 **governing council**[gʌ́vərniŋ káunsəl] 운영위원회 **organization**[ɔ̀rgənizéiʃən] 조직 **chairperson**[tʃérpə̀rsən] 회장, 의장

Q3 배경이나 사물이 중심인 사진

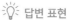 답변 표현

사진이 찍힌 장소 ▪ outdoors

중심대상
▪ a variety of items displayed on the sidewalk
▪ plates, vases, and other trinkets

주변대상
▪ right side of the picture, some people walking by, wearing summer clothes
▪ distance, some tall trees

느낌 및 의견
▪ a scene from an outdoor market in a small town

모범 답변

장소	🎤 **This picture was taken** outdoors.	이 사진은 야외에서 찍혔습니다.
중심대상	**The first thing I see is** a variety of items displayed on the sidewalk. I can see plates, vases, and other trinkets.	처음에 보이는 것은 보도 위에 진열된 다양한 물건들입니다. 접시, 꽃병, 그리고 다른 장신구들이 보입니다.
주변대상	**On the right side of the picture,** I can see some people walking by. They are wearing summer clothes. **In the distance**, there are some tall trees.	사진의 오른쪽에는, 걸어가고 있는 몇 명의 사람이 보입니다. 그들은 여름옷을 입고 있습니다. 멀리에는, 큰 나무 몇 그루가 있습니다.
느낌 및 의견	**Generally, it seems like** a scene from an outdoor market in a small town.	전반적으로, 작은 도시에 있는 야외 시장에서의 한 장면인 것 같습니다.

답변 Tip 두드러지게 눈에 띄는 대상이 없는 사진에서는, 사진의 왼쪽에서 시작해 오른쪽으로 가며 보이는 것들을 묘사하거나, 사진의 가운데에서 주변으로 가며 보이는 것들을 묘사하면서 답변 시간을 채울 수 있어요.

어휘 **display** [displéi] 진열하다, 전시하다 **sidewalk** [sáidwɔ̀:k] 보도, 인도 **trinket** [tríŋkit] 장신구, 방물

Q4 소수의 사람이 중심인 사진

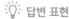

답변 표현

사진이 찍힌 장소 · at a restaurant

중심대상
- a man with short blond hair, handing a check over to a waiter
- left side of him, two women, smiling

주변대상
- on the table, some beverages and food

느낌 및 의견
- people, having a good time

모범 답변

장소	🎤 **This picture was taken** at a restaurant.	이 사진은 식당에서 찍혔습니다.
중심대상	**What I notice first is** a man with short blond hair handing a check over to a waiter. **On the left side of him,** I see two women, and they are both smiling.	처음에 보이는 것은 짧은 금발 머리의 남자가 종업원에게 계산서를 건네는 것입니다. 그의 왼쪽에는, 두 명의 여자가 보이고, 그들은 모두 웃고 있습니다.
주변대상	**On** the table, there are some beverages and food.	식탁 위에는, 약간의 음료와 음식이 있습니다.
느낌 및 의견	**Overall, it seems like** people are having a good time.	전반적으로, 사람들이 즐거운 시간을 보내고 있는 것 같습니다.

답변 Tip 식당을 배경으로 한 사진이 나올 때, 주문과 관련해서는 handing a check over(계산서를 건네는 중이다), looking at the menu(메뉴를 보는 중이다), deciding what to eat/order(무엇을 먹을지/주문할지 결정하는 중이다)와같은 표현들을 사용하여 사진을 묘사할 수 있어요.

어휘 **check**[tʃek] 계산서, 수표 **beverage**[bévəridʒ] 음료, 마실 것

Q5-7 지인과 통화: 기념일

Imagine that you are talking on the telephone with a friend. You are talking about anniversaries.	당신이 한 친구와 전화로 이야기하고 있다고 가정해 봅시다. 당신은 기념일에 관해 이야기하고 있습니다.

Question 5

🎧 Q: What is the anniversary you have celebrated most recently, and how did you celebrate it?

호주식 발음

네가 가장 최근에 축하한 기념일은 무엇이고, 그것을 어떻게 축하했니?

🎤 A: The anniversary I have celebrated most recently is my younger brother's birthday. He turned 20, so I planned a surprise party and invited all of his friends.

내가 가장 최근에 축하한 기념일은 내 남동생의 생일이야. 그는 20살이 되어서, 나는 깜짝 파티를 계획했고 동생의 모든 친구를 초대했어.

어휘 **anniversary**[æ̀nəvə́:rsəri] 기념일 **celebrate**[séləbrèit] 축하하다, 기념하다
surprise party 깜짝 파티

Question 6

🎧 Q: Do you prefer to celebrate anniversaries at home or somewhere else?

호주식 발음

기념일을 집에서 축하하는 것과 다른 곳에서 축하하는 것 중 어떤 것을 선호하니?

🎤 A: I prefer to celebrate anniversaries in special locations rather than at home. This is because somewhere like a fancy restaurant can make the celebration more memorable.

나는 집에서보다는 특별한 장소에서 기념일을 축하하는 것을 선호해. 왜냐하면 고급 레스토랑 같은 곳은 그 축하 행사를 더 잊을 수 없게 만들 수 있거든.

어휘 **location**[loukéiʃən] 장소, 위치 **celebration**[sèləbréiʃən] 축하 (행사)
memorable[mémərəbl] 잊을 수 없는, 기억할 만한

Question 7

🎧 Q: It's my mother's birthday soon. Do you suggest that I give her money as a gift?

호주식 발음

곧 우리 어머니의 생신이야. 그녀에게 돈을 선물로 드리는 것을 추천하니?

🎤 A: Yes, I suggest giving your mother money for her birthday. First, if you give her money, she can buy exactly what she wants with it. So, it'll be money well spent. Secondly, you can even go shopping with her. That way, you can have a shared experience too. These are the reasons why I think it's a good idea to give money to your mom for her birthday.

응, 나는 너희 어머니의 생신에 돈을 드리는 것을 추천해. 첫째로, 만약 돈을 드리면, 그것으로 정확히 어머니가 원하는 것을 사실 수 있어. 그래서, 돈이 잘 쓰일 거야. 둘째로, 너는 어머니와 쇼핑을 하러 갈 수도 있어. 그렇게 함으로써, 공통의 경험을 가질 수도 있어. 이것들이 내가 너희 어머니의 생신에 돈을 드리는 것이 좋은 방안이라고 생각하는 이유야.

답변 Tip 어떤 것을 제안하거나 추천할 때는, 'It's a good idea to ~'(~하는 것은 좋은 방안/생각이다)라는 표현을 사용하여 답변할 수 있어요.

어휘 **suggest**[səgdʒést] 추천하다 **shared**[ʃɛərd] 공통의, 공유의

Summer Fitness Courses

Student Fitness Center, Western University

[8]9:00 A.M. – 9:00 P.M. (Monday – Saturday)

Time	Class	Location	Fee
[10]10:00 A.M. – 11:00 A.M.	[10]Yoga	[10]Exercise Room 1A	$30
[10]11:00 A.M. – 12:00 P.M.	[10]Pilates	[10]Exercise Room 1A	$20
12:00 P.M. – 1:00 P.M.	Aerobics (Canceled)	Gym	$40
5:00 P.M. – 6:00 P.M.	Weight Lifting	Weight Room	$20
[9]8:00 P.M. – 9:00 P.M.	[9]Zumba	[9]Exercise Room 1A	$40

여름 피트니스 과정

학생 피트니스 센터, 웨스턴 대학교

[8]오전 9시 – 오후 9시 (월요일 – 토요일)

시간	수업	장소	수업료
[10]오전 10시 – 오전 11시	[10]요가	[10]1A 연습실	30달러
[10]오전 11시 – 오후 12시	[10]필라테스	[10]1A 연습실	20달러
오후 12시 – 오후 1시	에어로빅 (취소됨)	체육관	40달러
오후 5시 – 오후 6시	근력운동	웨이트실	20달러
[9]오후 8시 – 오후 9시	[9]줌바	[9]1A 연습실	40달러

미국식 발음

Hello, I heard that there will be some summer classes at the fitness center. I'd like to ask for some more information.

안녕하세요, 피트니스 센터에서 몇몇 여름 수업이 있을 것이라고 들었어요. 그것에 대해서 더 많은 정보를 얻고 싶어요.

어휘　gym [dʒim] 체육관, 체육

Question 8

🎧 **Q:** Could you tell me what time the center opens and closes?

미국식 발음

🎤 **A:** The center opens at 9:00 A.M. and closes at 9:00 P.M. It is open from Monday to Saturday.

센터가 몇 시에 열고 닫는지 알려주실 수 있나요?	

센터는 오전 9시에 열고 오후 9시에 닫습니다. 월요일부터 토요일까지 열려 있습니다.

Question 9

🎧 **Q:** I'm really excited about the Zumba class. It starts at 5 P.M., right?

미국식 발음

🎤 **A:** I'm sorry, but you have the wrong information. The Zumba class starts at 8:00 P.M. It will be held in Exercise Room 1A.

줌바 수업이 매우 기대됩니다. 오후 5시에 시작해요, 맞나요?

죄송하지만, 잘못된 정보를 가지고 계시는군요. 줌바 수업은 오후 8시에 시작합니다. 그것은 1A 연습실에서 진행될 것입니다.

Question 10

🎧 **Q:** Could you tell me about all the classes offered in the morning?

미국식 발음

🎤 **A:** There will be two classes in the morning. The first is the yoga class. That starts at 10:00 A.M. and finishes at 11:00 A.M. in Exercise Room 1A. And the second class in the morning is Pilates, which starts at 11:00 A.M. and finishes at 12:00 P.M. It will be also held in Exercise Room 1A.

어휘 **offer** [ɔ́ːfər] 제공하다

아침에 제공되는 모든 수업에 대해서 알려주실 수 있나요?

아침에 두 개의 수업이 있을 예정입니다. 첫 번째는 요가 수업입니다. 그것은 1A 연습실에서 오전 10시에 시작해서 오전 11시에 끝납니다. 그리고 아침에 하는 두 번째 수업은 필라테스이고, 이것은 오전 11시에 시작해서 오후 12시에 끝납니다. 1A 연습실에서 열릴 예정입니다.

Q11 장·단점: 금전적 보상을 통한 동기 부여

미국식 발음
What are the disadvantages of motivating elementary school students by giving them monetary rewards?

Give specific reasons and details to support your opinion.

금전적 보상을 줌으로써 초등학생들을 동기 부여 하는 것의 단점은 무엇인가요?

당신의 의견을 뒷받침하기 위해 구체적인 이유와 예를 제시하세요.

답변 아이디어

단점 1	동기 부여가 무엇인지에 대한 잘못된 개념을 줌 gives them the wrong idea about what motivation is
근거	학생들은 그들의 윤리에 근거하여 옳은 일을 하는 방법을 배워야 함 students need to learn how to do the right thing based on their morals
단점 2	금전적 보상이 모든 문제에 대한 최고의 해결책이라고 생각할 수 있음 may think monetary rewards are the best solution to all problems
근거	다른 사람들에게 돈을 줌으로써 문제를 해결하려고 할 수 있음 may try to solve problems by giving other people money

모범 답변

나의 의견

🎤 **I think that** there are some disadvantages of motivating elementary school students by giving them money as a reward.

단점 1 + 근거

First of all, giving money to young students to motivate them gives them the wrong idea about what motivation is. **To be specific**, students need to learn how to do the right thing based on their morals, not because they will get a reward for doing it.

단점 2 + 근거

Secondly, young students may think monetary rewards are the best solution to all problems. **For example**, when they grow up, they may try to solve problems by giving other people money.

마무리

Therefore, **I think** these are some disadvantages of giving monetary rewards to elementary students to motivate them.

저는 돈을 보상으로 줌으로써 초등학생들에게 동기를 부여하는 것에 몇 가지 단점이 있다고 생각합니다.

첫째로, 어린 학생들을 동기 부여하기 위해 돈을 주는 것은 그들에게 동기 부여가 무엇인지에 대한 잘못된 개념을 줍니다. 구체적으로 말하면, 학생들은 그것을 해서 보상을 받을 것이기 때문이 아니라, 그들의 윤리에 근거하여 옳은 일을 하는 방법을 배워야 합니다.

둘째로, 어린 학생들은 금전적 보상이 모든 문제에 대한 최고의 해결책이라고 생각할 수도 있습니다. 예를 들면, 그들이 성장할 때 다른 사람들에게 돈을 줌으로써 문제를 해결하려고 할 수 있습니다.

그러므로, 저는 이것들이 초등학생들에게 동기를 부여하기 위해 금전적 보상을 주는 것의 몇 가지 단점이라고 생각합니다.

답변 Tip 답변을 떠올리기 어려울 경우, '금전적 보상이 목표 달성을 도울 수는 있지만, 장기적으로는 좋은 방법이 아니다'(It may help to achieve their goals, but it's not a good way in the long term)와 같이 단점을 말하기에 앞서 장점을 간략하게 언급할 수도 있어요.

어휘 motivate[móutəvèit] ~를 동기 부여하다　monetary[mánətèri] 금전적인, 금전의　reward[riwɔ́:rd] 보상　based on ~에 근거하여
moral[mɔ́:rəl] 윤리, 도덕　grow up 성장하다, 자라다

Actual TEST 08

Q1 광고

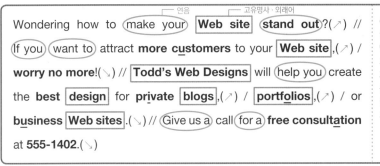

Wondering how to (make your) **Web site** **stand out**?(↗) // If you) (want to) attract **more customers** to your **Web site**,(↗) / **worry no more!**(↘) // **Todd's Web Designs** will (help you) create the **best** **design** for **private** **blogs**,(↗) / **portfolios**,(↗) / or **business Web sites**.(↘) // (Give us a) call (for a) **free consultation** at **555-1402**.(↘)

─ 연음
─ 고유명사·외래어

어떻게 당신의 웹사이트를 눈에 띄게 만들 수 있을지 궁금한가요? 당신의 웹사이트에 더 많은 고객을 끌어들이고 싶다면, 더는 걱정하지 마십시오! Todd's Web Designs는 당신이 개인 블로그, 포트폴리오, 또는 상업 웹사이트를 위한 최고의 디자인을 만들어내도록 도와드립니다. 무료 상담을 위해서 555-1402번으로 저희에게 전화 주세요.

답변 Tip
· 웹사이트 디자인 업체의 광고이므로, 업체의 이름과 제공하는 서비스, 연락처를 강조하며 읽으세요.
· 주어와 동사가 생략된 be동사 의문문(Wondering ~ out?)은 끝을 올려 읽으세요.
· Web site[wéb sàit], design[dizáin], blog[blɔːg], portfolio[pɔːrtfóuliòu]와 같은 외래어를 정확한 영어식 발음으로 읽으세요.
· customer[kʌ́stəmər], portfolio[pɔːrtfóuliòu], consultation[kàːnsəltéiʃən]과 같은 3음절 이상 단어들의 강세를 잘 지켜 읽으세요.
· 전화번호를 읽을 때는 한 자리씩 차례로 읽고, 0은 'zero[zíərou]'나 'oh[ou]'로 읽으세요.
555-1402 → five five five, one four zero two / five five five, one four oh two

어휘 **private**[práivət] 개인의, 사적인 **consultation**[kàːnsəltéiʃən] 상담, 자문

Q2 소개

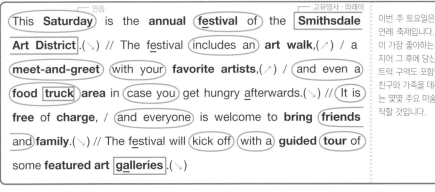

(This **Saturday**) is the **annual** (festival of) the **Smithsdale Art District**.(↘) // The festival (includes an) **art walk**,(↗) / a **meet-and-greet** (with your) **favorite artists**,(↗) / (and even a) **food** **truck** area in (case you) get hungry afterwards.(↘) // (It is) **free** of **charge**, / (and everyone) is welcome to **bring** **friends** (and) **family**.(↘) // The festival will (kick off) (with a) **guided** (**tour** of) some **featured art** **galleries**.(↘)

─ 연음
─ 고유명사·외래어

이번 주 토요일은 Smithsdale Art District의 연례 축제입니다. 이 축제는 예술 산책, 당신이 가장 좋아하는 예술가들과의 만남 행사, 심지어 그 후에 당신이 허기질 경우를 위한 푸드 트럭 구역도 포함합니다. 이는 무료이며, 모두 친구와 가족을 데려오실 수 있습니다. 이 행사는 몇몇 주요 미술관의 가이드 투어와 함께 시작할 것입니다.

답변 Tip
· 지역 연례 축제의 소개이므로, 축제에서 예정된 행사를 강조하며 읽으세요.
· festival of와 같이 자음과 모음이 연음되는 경우, 앞 단어의 자음 'l'을 모음 'o'에 그대로 연결해서 발음하세요.
· and even a[əndíːvənə]와 같이 세 단어가 연음되는 경우, 자연스럽게 연결해서 발음하세요.
· gallery에서 혼동하기 쉬운 'l'과 'r' 발음에 주의하며 읽으세요.

어휘 **meet-and-greet**[mìːtəngríːt] 만남 행사 **afterwards**[ǽftərwərdz] 그 후에, 곧이어 **kick off**[kìk ɔ́ːf] 시작하다 **featured**[fíːtʃərd] 주요의, 주연의

Q3 소수의 사람이 중심인 사진

☀ 답변 표현

사진이 찍힌 장소 · in a meeting room

중심대상

- three people, sitting at a table, having a folder open in front of them
- two women having their hair down while the man has his hair in a bun

주변대상

- background, a small harbor through a big window

느낌 및 의견

- the people, having a meeting at work

🕐 **모범 답변**

장소	🎤 **This picture was taken** in a meeting room.	이 사진은 회의실에서 찍혔습니다.
중심 대상	**The first thing I see is** three people sitting at a table. They all have a folder open in front of them. The two women have their hair down while the man has his hair in a bun.	처음에 보이는 것은 책상에 앉아 있는 세 명의 사람입니다. 그들은 모두 그들 앞에 펼쳐진 서류철을 가지고 있습니다. 두 명의 여자는 머리를 아래로 늘어뜨리고 있는 반면에 남자는 쪽 찐 머리를 하고 있습니다.
주변 대상	**In the background,** I can see a small harbor through a big window.	배경에는, 큰 창문을 통해 작은 항구가 보입니다.
느낌 및 의견	**Generally, it seems like** the people are having a meeting at work.	전반적으로, 사람들이 직장에서 회의를 하고 있는 것 같습니다.

모범 Tip 인물의 머리 모양을 묘사할 때는 have one's hair down(머리를 아래로 늘어뜨린), hair in a bun(쪽 찐 머리), a ponytail(하나로 묶은 머리), curly hair(곱슬머리), braided hair(땋은 머리)와 같은 표현을 사용하여 말할 수 있어요.

어휘 **folder**[fóuldər] 서류철 **hair in a bun** 쪽 찐 머리 **harbor**[háːrbər] 항구

Q4 소수의 사람이 중심인 사진

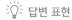 답변 표현

사진이 찍힌 장소 · indoors

중심대상
- a man in a white outfit, painting the wall with a long roller brush

주변대상
- behind him, a number of containers filled with paint and painting tools
- left side of the picture, two ladders beside a window

느낌 및 의견
- the room, being painted

모범 답변

장소	🎤 **This photo was taken** indoors.	이 사진은 실내에서 찍혔습니다.
중심대상	**What I see first is** a man in a white outfit. He is painting the wall with a long roller brush.	처음에 보이는 것은 흰색 옷을 입은 남자입니다. 그는 긴 롤러 붓으로 벽을 칠하고 있습니다.
주변대상	**Behind** him, there are a number of containers filled with paint and painting tools. **On the left side of the picture,** there are two ladders beside a window.	그의 뒤에는, 페인트와 페인트 도구들로 채워진 통들이 있습니다. 사진의 왼쪽에는 창문 옆에 사다리가 두 개 있습니다.
느낌 및 의견	**Overall, it seems like** the room is being painted.	전반적으로, 방에 페인트칠을 하는 것 같습니다.

> **답변 Tip** 페인트 칠을 하고 있는 모습의 사진에는 painting with a long roller brush(긴 롤러 붓으로 칠하고 있는 중이다), painting on a ladder(사다리 위에서 칠하고 있는 중이다), looking for painting tools in a container(통 안에서 페인트 도구를 찾고 있는 중이다)와 같은 표현을 사용하여 묘사할 수 있어요.

어휘 **outfit**[ɑutfit] 옷, 의상 **container**[kəntéinər] 통, 용기 **fill**[fil] 채우다 **tool**[tu:l] 도구

Q5-7 전화 설문: 가구

Imagine that a radio station is preparing a story about home furnishing. You have agreed to participate in a telephone interview about furniture.	한 라디오 방송국이 가정용 가구에 대한 이야기를 준비하고 있다고 가정해 봅시다. 당신은 가구에 관한 전화 인터뷰에 참여하기로 동의했습니다.

Question 5

🎧Q: 미국식 발음 What was the last piece of furniture you bought, and when did you buy it?

당신이 마지막으로 산 가구는 무엇이고, 언제 그것을 구매했나요?

🎤A: The last piece of furniture I bought was my green leather sofa. I bought it last month. It was a little expensive, but it's very nice.

제가 마지막으로 산 가구는 제 초록색 가죽 소파입니다. 저는 지난달에 그것을 샀습니다. 약간 비싸긴 했지만, 매우 좋습니다.

> **답변 Tip** green(초록색), sand-colored(모래 빛)와 같이 가구의 색깔이나 leather(가죽), oak(참나무)와 같이 소재를 함께 묘사하여 더욱 자세히 설명할 수 있어요.

> **어휘** leather[léðər] 가죽의; 가죽 expensive[ikspénsiv] 비싼

Question 6

🎧Q: 미국식 발음 How do you get information about furniture?

어떻게 가구에 대한 정보를 얻나요?

🎤A: I get information about furniture by looking on furniture dealers' Web sites. It's easy to compare products and prices that way.

저는 가구 대리점의 웹사이트를 구경해서 가구에 대한 정보를 얻습니다. 그렇게 해서 제품과 가격을 비교하기 쉽습니다.

> **어휘** look on ~을 구경하다 dealer[díːlər] 대리점, 판매업자
> compare[kəmpéər] 비교하다

Question 7

🎧Q: 미국식 발음 Do you prefer to buy furniture online or from an offline store? Why?

당신은 온라인과 오프라인 상점 중 주로 어디에서 가구 사는 것을 선호하나요? 이유는요?

🎤A: I prefer to buy my furniture from offline stores. First, I want to see and feel the furniture before I buy it. Second, offline stores usually deliver and assemble the furniture for me, which is very convenient. These are the reasons why I usually buy furniture from an offline store.

저는 오프라인 상점에서 가구 사는 것을 선호합니다. 첫째로, 저는 그 가구를 사기 전에 보고 느끼고 싶습니다. 둘째로, 오프라인 상점은 보통 저를 위해 가구를 배달하고 조립해 줘서, 매우 편리합니다. 이것들이 제가 주로 오프라인 상점에서 가구를 사는 이유입니다.

> **답변 Tip** 온라인 구매의 장점으로 can compare prices(가격을 비교할 수 있다), save my time(시간을 절약한다) 등을 제시할 수 있어요.

> **어휘** prefer[prifə́ːr] 선호하다 deliver[dilívər] 배달하다 assemble[əsémbl] 조립하다

Q8-10 출판사 면접 일정표

Jefferson Publishing

Interview Schedule

April 19, Conference Room

Time	Name of Applicant	Position	Experience
[8]9:30 A.M.	[8]Jonathan Parry	[8]Junior Editor	8 months
10:30 A.M.	Krish Reed	Sales Assistant	7 months
11:30 A.M.	Ronny Lopez	Human Resources Assistant	2 months
[10]1:30 P.M.	[10]Mason Woodcock	[10]Marketing Manager	[10]6 years
2:30 P.M.	Sam Wong	Accountant	1 year 2 months
[9]3:30 P.M.	[9]Nicole Baxter	[9]Web Content Executive	[9]11 years 7 months
[10]4:30 P.M.	[10]Julie Hartman	[10]Marketing Manager	[10]4 years 9 months

Jefferson 출판사

면접 일정
4월 19일, 회의실

시간	지원자 이름	직책	경력
[8]오전 9시 30분	[8]Jonathan Parry	[8]편집 보조	8개월
오전 10시 30분	Krish Reed	영업부 보조	7개월
오전 11시 30분	Ronny Lopez	인사부 보조	2개월
[10]오후 1시 30분	[10]Mason Woodcock	[10]마케팅 부장	[10]6년
오후 2시 30분	Sam Wong	회계사	1년 2개월
[9]오후 3시 30분	[9]Nicole Baxter	[9]웹 컨텐츠 이사	[9]11년 7개월
[10]오후 4시 30분	[10]Julie Hartman	[10]마케팅 부장	[10]4년 9개월

미국식 발음 🎧

Hello, I don't have a copy of the interview schedule for today. Can you give me some information?	안녕하세요, 제가 오늘의 면접 일정표 복사본이 없습니다. 몇 가지 정보를 주실 수 있나요?

어휘 human resources 인사부 **accountant**[əkáuntənt] 회계사 **executive**[igzékjutiv] 이사, 중역

Question 8

🎧**Q:** What time is the first interview and what is the name of the applicant?

미국식 발음

🎤**A:** The first interview is at 9:30 A.M. The applicant's name is Jonathan Parry, and he is interviewing for the position of junior editor.

첫 번째 면접이 몇 시이고 지원자의 이름이 무엇인가요?

첫 번째 면접은 오전 9시 30분입니다. 지원자의 이름은 Jonathan Parry이고, 그는 편집 보조직의 면접을 봅니다.

Question 9

🎧**Q:** I heard that there are two applicants who have more than 10 years of experience in their field.

미국식 발음

🎤**A:** I'm sorry, but you have the wrong information. Only Nicole Baxter has more than 10 years. She has 11 years and 7 months of experience. She is interviewing for the web content executive position at 3:30 P.M.

저는 그들의 분야에서 10년 이상의 경력이 있는 지원자가 두 명 있다고 들었습니다.

죄송합니다만, 잘못된 정보를 가지고 계시는군요. Nicole Baxter만 10년이 넘습니다. 그녀는 11년 7개월의 경력을 가지고 있습니다. 그녀는 오후 3시 30분에 웹 컨텐츠 이사직의 면접을 봅니다.

어휘 **field**[fiːld] 분야

Question 10

🎧**Q:** We urgently need a new marketing manager. Can you give me all the details about the applicants for the marketing manager position?

미국식 발음

🎤**A:** There are two applicants for the marketing manager position. At 1:30 P.M., Mason Woodcock is interviewing for the position. He has 6 years of experience. And at 4:30 P.M. Julie Hartman is also interviewing for that position. She has 4 years and 9 months of experience.

우리는 긴급하게 새로운 마케팅 부장이 필요합니다. 마케팅 부장직의 지원자들에 대한 모든 세부 사항을 알려 주실 수 있나요?

마케팅 부장직에는 두 명의 지원자가 있습니다. 오후 1시 30분에 Mason Woodcock이 이 직책의 면접을 봅니다. 그는 6년의 경력을 가지고 있습니다. 그리고 오후 4시 30분에 Julie Hartman 또한 그 직책의 면접을 봅니다. 그녀는 4년 9개월의 경력이 있습니다.

어휘 **urgently**[ə́ːrdʒəntli] 긴급하게

Q11 찬반형: 신입 사원에게 중요한 것

Do you agree or disagree with the following statement?

For new employees, it is more important to get acquainted with colleagues and supervisors than to do anything else.

Use specific reasons and examples to support your opinion.

다음의 진술에 동의하나요, 동의하지 않나요?

신입 사원들에게는 동료와 상사들과 가까워지는 것이 다른 무엇보다 중요하다.

당신의 의견을 뒷받침하기 위해 구체적인 이유와 예를 사용하세요.

답변 아이디어

나의 의견	동의하지 않음 disagree
이유 1	직장은 업무를 하러 가는 곳임 the workplace is where you come to do your job
근거	주된 관심사는 업무를 잘하는 것이 되어야 함 your primary concern should be to do your job well
이유 2	업무를 더 어렵게 만들 수도 있음 can even make your job more difficult
근거	동료의 일에 객관적인 의견을 주기 어려울 것이고, 아니면 상사가 관련 없는 업무를 하도록 요구할 수도 있음 hard to give objective feedback on coworker performance, or bosses might ask you to do unrelated tasks

모범 답변

나의 의견	🎙 **I disagree that** it is more important for new employees to get acquainted with colleagues and supervisors than to do anything else.	저는 신입 사원들이 동료와 상사들과 가까워지는 것이 다른 무엇보다 더 중요하다는 것에 동의하지 않습니다.
이유 1 + 근거	**First of all**, the workplace is where you come to do your job. **To be specific**, it's nice to be friendly with coworkers, but your primary concern should be to do your job well. Even if you get along well with your coworkers, if you're not good at your job, you're not a good employee.	첫째로, 직장은 당신이 업무를 하러 가는 곳입니다. 구체적으로 말하면, 동료들과 친해지는 것은 좋지만, 당신의 주된 관심사는 업무를 잘하는 것이 되어야 합니다. 동료들과 잘 지낸다고 해도, 업무를 잘하지 못하면 당신은 좋은 직원이 아닙니다.
이유 2 + 근거	**Secondly**, being too friendly with coworkers can even make your job more difficult. **For example**, it'd be hard to give objective feedback on coworker performance, or bosses might ask you to do unrelated tasks.	둘째로, 동료들과 지나치게 친해지는 것은 당신의 업무를 더 어렵게 만들 수도 있습니다. 예를 들면, 동료의 일에 객관적인 의견을 주기 어려울 것이고, 아니면 상사가 당신에게 관련 없는 업무를 하도록 요구할 수도 있습니다.
마무리	**Therefore**, **I don't think** it's the most important thing for new employees to become friends with their colleagues and supervisors.	그러므로, 저는 동료와 상사들과 친구가 되는 것이 신입 사원들에게 가장 중요한 것이라고 생각하지 않습니다.

답변 Tip '당신의 업무를 더 어렵게 만들 수 있다'(can even make your job more difficult)는 내용은 다음과 같은 질문에 대한 답변으로도 제시할 수 있어요.
· 친한 사람들과 그룹 프로젝트를 하는 것은 효과적이라는 것에 대한 찬성/반대
· 가족과 함께 동업하는 것의 단점

어휘 **get acquainted with** ~와 가까워지다 **colleague**[ká:li:g] 동료 **supervisor**[sú:pərvàizər] 상사 **primary**[práimeri] 주된
concern[kənsə́:rn] 관심사, 염려 **get along with** ~와 잘 지내다, 어울리다 **objective**[əbdʒéktiv] 객관적인 **feedback**[fí:dbæ̀k] 의견, 반응
performance[pərfɔ́:rməns] 일, 성과 **unrelated**[ʌ̀nriléitid] 관련 없는

Q1 안내

> ┌─ 고유명사·외래어
> Attention all visitors to Hartford Department Store.(↘) // This
> ┌ 연음
> announcement is about our holiday sale.(↘) // On the **second**
> floor, / you'll find all cosmetic brands being sold at a **30 percent**
> discount.(↘) // In addition, / **casual**,(↗) / **business**,(↗) / and
> **formal women's attire** sold on the **third** through **sixth** floors is
> being offered at a **20 percent** discount.(↘) // We hope you enjoy
> your time shopping at Hartford Department Store.(↘)

Hartford 백화점의 방문객 여러분 주목해 주십시오. 이 안내는 저희의 휴일 할인 판매에 관한 것입니다. 2층에서는, 모든 화장품 브랜드가 30퍼센트 할인된 가격에 판매되고 있는 것을 보실 수 있을 것입니다. 게다가, 3층부터 6층에서 판매되고 있는 평상복, 비즈니스 정장, 여성용 정장은 20퍼센트 할인된 가격에 제공되고 있습니다. Hartford 백화점에서 쇼핑하시면서 즐거운 시간 보내시길 바랍니다.

답변
Tip
- 백화점 할인 판매에 관한 안내이므로, 층별로 판매하는 상품의 종류와 할인폭을 강조하며 읽으세요.
- attention[əténʃən], department[dipá:rtmənt], announcement[ənáunsmənt] 등과 같은 3음절 이상 단어들의 강세를 잘 지켜 읽으세요.
- brand[brænd], casual[kǽʒuəl], business[bíznis]와 같은 외래어를 정확한 영어식 발음으로 읽으세요.

어휘 **cosmetic**[kɑːzmétik] 화장품 **formal attire**[fɔ́ːrməl ətàiər] 정장

Q2 자동 응답 메시지

> ┌─ 고유명사·외래어
> You have reached Elliot Animal Hospital.(↘) // We can't answer
> ┌ 연음
> your call right now.(↘) // If your pet needs **immediate care** for a
> life-threatening condition,(↗) / hang up and call the **emergency**
> **hotline.**(↘) // Otherwise, / please leave a message with **your**
> **name,**(↗) / **number,**(↗) / and a **description** of your pet's
> symptoms, / and we will get back to you as soon as possible.(↘)
> // Thank you, / and have a pleasant day.(↘)

Elliot 동물병원에 연결되셨습니다. 저희는 현재 당신의 전화에 응답할 수 없습니다. 당신의 애완동물이 생명을 위협하는 질환으로 인해 즉시 치료가 필요하다면, 전화를 끊고 응급 직통 전화에 전화하십시오. 그 외에는 당신의 이름, 연락처, 애완동물의 증상에 대한 설명과 함께 메시지를 남겨주시면 저희가 가능한 한 빨리 연락해 드리겠습니다. 감사드리며, 좋은 하루 되십시오.

답변
Tip
- reach[riːtʃ], need[niːd], leave[liːv], soon[suːn]에 포함된 장모음(ea, ee, oo)은 길게 읽으세요.
- if로 시작하는 부사절(If your pet needs ~ condition)은 끝을 올려 읽으세요.
- the emergency와 같이 모음으로 시작하는 단어 앞의 the는 '디'로 발음하세요.

어휘 **immediate**[imíːdiət] 즉시의, 당장의 **condition**[kəndíʃən] 질환, 병 **emergency**[imə́ːrdʒənsi] 응급, 비상
hotline[háːtlàin] 직통 전화, 상담 전화 **description**[diskrípʃən] 설명, 묘사 **symptom**[símptəm] 증상, 증세

Q3 배경이나 사물이 중심인 사진

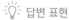 답변 표현

사진이 찍힌 장소 • at a plaza in an old town

중심대상
- a building on the right side of the picture
- in front of the building, wooden tables and chairs

주변대상
- background of the picture, more buildings, having lots of windows
- some pedestrians

느낌 및 의견
- a scene from a peaceful old town

모범 답변

장소	🎙 **This picture was taken** at a plaza in an old town.	이 사진은 오래된 도시의 광장에서 찍혔습니다.
중심 대상	**The first thing I see is** a building on the right side of the picture. **In front of** the building, wooden tables and chairs can be seen.	처음에 보이는 것은 사진의 오른쪽에 있는 건물입니다. 건물의 앞에는, 나무 식탁과 의자들이 보입니다.
주변 대상	**In the background of the picture,** there are more buildings that have lots of windows. Also, some pedestrians can be seen.	사진의 배경에는, 창문이 많은 몇몇 건물들이 있습니다. 또한, 몇 명의 행인도 보입니다.
느낌 및 의견	**Generally, it seems like** a scene from a peaceful old town.	전반적으로, 오래된 도시의 광장에서의 평화로운 하루인 것 같습니다.

모범 Tip 특정 사물을 묘사할 때는 wooden(나무의), metal(금속의)과 같이 소재를 언급해 묘사하여 더욱 자세하게 답변할 수 있어요.

어휘 **plaza**[plɑ́:zə] 광장 **pedestrian**[pədéstriən] 행인, 보행자

Q4 소수의 사람이 중심인 사진

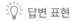

답변 표현

사진이 찍힌 장소 · indoors

중심대상
- a man and a woman
- a woman in a blue checkered shirt and jeans, holding both hands up
- in front of her, a man in a red checkered shirt, hanging a picture on the wall

주변대상
- foreground of the picture, a white rug and blue couches

느낌 및 의견
- they are decorating the house

모범 답변

장소	🎤 **This picture was taken** indoors.	이 사진은 실내에서 찍혔습니다.
중심 대상	**What I notice first is** a man and a woman. A woman in a blue checkered shirt and jeans is holding both hands up. **In front of** her, a man in a red checkered shirt is hanging a picture on the wall.	처음에 보이는 것은 한 남자와 여자입니다. 파란색 체크무늬 셔츠와 청바지를 입고 있는 여자는 양손을 들고 있습니다. 그녀의 앞에는, 빨간색 체크무늬 셔츠를 입은 남자가 벽에 그림을 걸고 있습니다.
주변 대상	**In the foreground of the picture,** I see a white rug and blue couches.	사진의 전경에는, 흰색 깔개와 파란색 긴 소파가 보입니다.
느낌 및 의견	**Overall, it seems like** they are decorating the house.	전반적으로, 그들이 집을 꾸미고 있는 것처럼 보입니다.

> **답변 Tip** 집 내부와 같은 배경의 사진에는 rug(깔개), couch(소파), shelf(선반), curtain(커튼)과 같은 표현을 사용하여 묘사할 수 있어요.

어휘 rug[rʌg] 깔개, 양탄자 decorate[dékərèit] 꾸미다, 장식하다

Q5-7 전화 설문: 건강 유지

Imagine that a sociology professor is doing research. You have agreed to participate in a telephone interview about keeping fit.	한 사회학 교수가 조사를 하고 있다고 가정해봅시다. 당신은 건강 유지에 관한 전화 인터뷰에 참여하기로 동의했습니다.

Question 5

🎧 Q: (미국식 발음) When was the last time you went to a fitness center, and how often do you go?

🎤 A: The last time I went to a fitness center was last weekend, and I go two or three times a week.

> **답변 Tip** 언제 마지막으로 무엇을 했는지를 묻는 질문에는 yesterday(어제), three days ago(3일 전), last month(지난달) 등으로 답변할 수 있어요.

언제 마지막으로 피트니스 센터에 갔고, 얼마나 자주 가나요?

제가 마지막으로 피트니스 센터에 간 것은 지난 주말이고, 일주일에 두세 번 정도 갑니다.

Question 6

🎧 Q: (미국식 발음) If a new fitness center opened in your area, would you work out more often? Why or why not?

🎤 A: Yes, I'd work out more often if a new fitness center opened in my area close to my house. That's because having a gym close by would make it easier to find the time to exercise.

어휘 work out 운동하다 close to ~에 가까운

당신의 지역에 새로운 피트니스 센터가 연다면, 더 자주 운동할 건가요? 이유는?

네, 저의 지역에 집에서 가까운 곳에 새로운 피트니스 센터가 연다면 저는 더 자주 운동할 것입니다. 가까운 곳에 체육관이 있는 것은 운동할 시간을 내기 더 쉽게 할 것이기 때문입니다.

Question 7

🎧 Q: (미국식 발음) Which of the following is the most important to you when choosing a gym to join?

- Competent trainers
- Monthly fees
- Facilities

🎤 A: When I choose a gym to join, the facilities are the most important to me. First, there should be enough machines because I don't want to wait long to use a machine. Second, they should be clean and well taken care of so that it's pleasant and safe to use them. Otherwise, I could easily get injured. These are the reasons why I think a gym's facilities matter the most.

어휘 take care of ~을 관리하다 pleasant[plézənt] 쾌적한 get injured 다치다, 부상을 입다 matter[mǽtər] 중요하다

다음 중 어떤 것이 당신이 등록할 체육관을 선택할 때 가장 중요한가요?

- 유능한 트레이너
- 월 이용료
- 시설

등록할 체육관을 선택할 때, 시설이 저에게 가장 중요합니다. 첫째로, 저는 기구를 사용하기 위해 오래 기다리고 싶지 않기 때문에 충분한 기구가 있어야 합니다. 둘째로, 그것들은 깨끗하고 잘 관리되어서 사용하기 쾌적하고 안전해야 합니다. 그렇지 않으면, 제가 쉽게 다칠 수 있습니다. 이것들이 제가 체육관의 시설이 가장 중요하다고 생각하는 이유입니다.

Q8-10 파리 관광 일정표

~ Tour of Paris ~
Bon Voyage Tour Company

Day 1

- [8]9:00 A.M. – Arrive in Paris (Air France 383)
- [8]11:00 A.M. – Hotel check-in (Grand Hotel*)
- [10]1:00 P.M. – Go to the Louvre Museum
- 7:00 P.M. – Cruise on the Seine River

Day 2

- 9:00 A.M. – Visit the Champs-Élysées
- [10]10:00 A.M. – See the Rodin Museum and the Eiffel Tower
- Free time in the afternoon and evening

Day 3

- 11:00 A.M. – Check out of hotel
- 12:00 P.M. – Eat lunch
- 2:00 P.M. – Visit Notre Dame Cathedral
- 3:00 P.M. – Head to airport (depart on Air France 241)

[9]* Wi-Fi available in all guest rooms.

~ 파리 관광~
Bon Voyage 여행사

첫째 날

- [8]오전 9시 – 파리 도착(Air France 383편)
- [8]오전 11시 – 호텔 체크인(Grand 호텔*)
- [10]오후 1시 – 루브르 박물관 방문
- 오후 7시 – 센강 유람선 탑승

둘째 날

- 오전 9시 – 샹젤리제 방문
- [10]오전 10시 – 로댕 미술관 및 에펠탑 관광
- 오후와 저녁 자유 시간

셋째 날

- 오전 11시 – 호텔 체크아웃
- 오후 12시 – 점심
- 오후 2시 – 노트르담 대성당 방문
- 오후 3시 – 공항으로 출발(Air France 241편으로 출발)

[9]* 무선 인터넷은 모든 객실에서 이용할 수 있음.

미국식 발음 🎧

Hello. My name is Solomon McCormack. During my travel in Europe, I'm planning to join the three-day tour of Paris. I have a few questions about the itinerary.

안녕하세요. 제 이름은 Solomon McCormack 입니다. 저의 유럽 여행 동안, 3일 파리 관광에 참여할 예정입니다. 여행 일정에 대해 몇 가지 질문이 있습니다.

어휘 **cathedral** [kəθíːdrəl] 대성당 **available** [əvéiləbl] 이용할 수 있는 **itinerary** [aitínərèri] 여행 일정(표)

Question 8

🎧 **Q:** 미국식 발음 What time **are we** arriving in Paris **and** what time **do we** check in at the hotel?

🎙️ **A:** We will be arriving at 9:00 A.M. in Paris. We will check in at the Grand Hotel at 11:00 A.M.

몇 시에 파리에 도착하고 몇 시에 호텔에 체크인하나요?

저희는 오전 9시에 파리에 도착할 것입니다. 저희는 오전 11시에 Grand 호텔에 체크인할 것입니다.

Question 9

🎧 **Q:** 미국식 발음 I have to do some work during my stay. Will I be able to send e-mails from my room?

🎙️ **A:** Yes, you will be able to send e-mails. The hotel has Wi-Fi in all the guest rooms.

저는 머무르는 동안 업무를 해야 해요. 객실에서 이메일을 보낼 수 있을까요?

네, 당신은 이메일을 보낼 수 있을 것입니다. 그 호텔은 모든 객실에 무선 인터넷이 갖춰져 있습니다.

Question 10

🎧 **Q:** 미국식 발음 I'm interested in history and art, and I'd love to visit some museums. **Are we** planning to visit any?

🎙️ **A:** Sure. We are planning to visit two museums during our trip. First, we will go to the Louvre Museum at 1:00 P.M. on the first day. On the second day, we will go to the Rodin Museum at 10:00 A.M.

저는 역사와 미술에 관심이 있어서, 몇몇 박물관에 방문하고 싶어요. 어떤 곳에 방문할 계획이 있나요?

물론이죠. 우리는 여행 동안에 박물관 두 군데를 방문할 계획입니다. 첫째로, 저희는 첫날 오후 1시에 루브르 박물관을 갈 것입니다. 둘째 날에, 우리는 오전 10시에 로댕 미술관을 갈 것입니다.

Q11 선택형: 일할 때 힘든 것

<table>
<tr><td>미국식 발음
Which is a more challenging aspect when you are working: getting a heavier workload or getting a new boss?

Give specific reasons and details to support your opinion.</td><td>더 많은 업무량을 얻는 것과 새로운 상사가 오는 것 중 일할 때 어떤 측면이 더 힘든가요?

당신의 의견을 뒷받침하기 위해 구체적인 이유와 예를 제시하세요.</td></tr>
</table>

답변 아이디어

나의 의견	더 많은 업무량을 얻는 것 getting a heavier workload
이유 1	직장에 더 오래 있어야 할 것임 might have to stay at work longer
근거	집중하는 데에 어려움을 겪을 것이고 그것들을 제시간에 끝낼 만큼 빨리할 수 없을 것임 would have trouble staying focused, and I couldn't do them fast enough to finish them on time
이유 2	나에게 더 스트레스를 줄 것임 would stress me out more
근거	해야 할 일이 많아지면 더 많은 것에 책임이 있게 됨 when I have more work to do, I become responsible for more things

모범 답변

나의 의견	🎙 **I think** getting a heavier workload is more challenging than getting a new boss **for a few reasons**.	저는 몇 가지 이유로 더 많은 업무량을 얻는 것이 새로운 상사가 오는 것보다 더 힘들다고 생각합니다.
이유 1 + 근거	**First of all**, if my workload is heavy, I might have to stay at work longer. **To be specific**, I would have trouble staying focused, and I couldn't do them fast enough to finish them on time. This means that I would have less time to spend with my family or friends.	첫째로, 제 업무량이 과중하면 저는 직장에 더 오래 있어야 할 것입니다. 구체적으로 말하면, 저는 집중하는 데에 어려움을 겪을 것이고 그것들을 제시간에 끝낼 만큼 빨리할 수 없을 것입니다. 이는 제가 가족이나 친구들과 보낼 시간이 더 적어짐을 의미합니다.
이유 2 + 근거	**Secondly**, a heavier workload would stress me out more. **For example**, when I have more work to do, I become responsible for more things. As a result, I need to worry about many things at once, and that makes me tired and anxious.	둘째로, 더 많은 업무량은 저에게 더 스트레스를 줄 것입니다. 예를 들면, 해야 할 일이 많아지면 저는 더 많은 것에 책임이 있게 됩니다. 결국 저는 많은 것들을 동시에 걱정해야 하고, 이는 저를 지치고 불안하게 만듭니다.
마무리	**Therefore**, **I think** that it would be a real challenge if my workload were increased.	그러므로, 저는 제 업무량이 늘어난다면 정말 힘든 일이 될 것이라고 생각합니다.

> **답변 Tip** 새로운 상사가 오는 것이 더 힘들다고 답할 경우, '업무 방식에 변화가 많이 생긴다'(many changes in working style), '관계를 형성하는 데 시간이 걸린다'(takes time to build a relationship) 등을 이유로 제시할 수 있어요.

어휘 challenging[tʃǽlindʒiŋ] 힘든, 도전적인 workload[wɔ́ːrklòud] 업무량 stress out ~에게 스트레스를 주다
responsible[rispáːnsəbəl] 책임이 있는 anxious[ǽŋkʃəs] 불안한 increase[inkríːs] 늘다, 증가하다

Actual TEST 10

Q1 광고

The long-awaited reopening of Comfort Spa is Friday, / June 20!(↘) // Sit back in a comfortable chair,(↗) / close your eyes for a minute or two,(↗) / and feel your stress disappear. (↘) // Comfort Spa's friendly and professional staff members are ready to help you relax!(↘) // Don't hesitate and make your reservation now.(↘)

─ 고유명사·외래어
─ 연음

오랫동안 기다려온 Comfort Spa의 재개장이 금요일인 6월 20일입니다! 편안한 의자에 앉아, 1, 2분 정도 눈을 감고, 스트레스가 사라지는 것을 느껴보세요. Comfort Spa의 친절하고 전문적인 직원들이 여러분의 휴식을 도와줄 준비가 되어 있습니다!

Tip
· 스파 매장의 재개장 광고이므로, 재개장 날짜와 제공되는 서비스 등을 강조하며 읽으세요.
· comfortable[kʌ́mfərtəbl], disappear[dìsəpíər], professional[prəféʃənl]과 같은 3음절 이상의 단어들의 강세를 잘 지켜 읽으세요.

어휘 long-awaited[lɔ̀ːŋəwéitid] 오랫동안 기다려온, 고대한 disappear[dísəpìər] 사라지다

Q2 공지

Attention, passengers.(↘) // We will begin to serve dinner shortly.(↘) // You have three options to choose from as your main dish.(↘) // Please select from beef with potatoes,(↗) / chicken and vegetables,(↗) / or tomato pasta.(↘) // Let a crew member know of your selection / when they come to your aisle.(↘)

─ 연음
─ 고유명사·외래어

승객 여러분, 주목해 주십시오. 저희는 곧 저녁 식사를 제공할 것입니다. 여러분의 주 요리로 고르실 수 있는 세 가지의 선택권이 있습니다. 소고기와 감자, 닭고기와 채소, 또는 토마토 파스타 중에서 선택해 주시기 바랍니다. 저희 승무원이 통로로 오면 여러분이 선택하신 것을 알려주십시오.

Tip
· 기내식 제공을 알리는 공지이므로, 선택 가능한 기내식 메뉴와 안내 사항을 강조하며 읽으세요.
· passenger[pǽsəndʒər], potato[pətéitou], vegetable[védʒətəbəl]과 같은 3음절 이상의 단어들의 강세를 잘 지켜 읽으세요.
· Let a와 같이 't' 다음에 모음이 나올 경우, 't'를 'ㄹ'과 같이 약하게 발음하세요.
· 묵음 's'가 포함된 aisle[ail]의 발음에 주의하며 읽으세요.

어휘 passenger[pǽsəndʒər] 승객 option[áːpʃən] 선택권 select[silékt] 선택하다 aisle[ail] 통로

Test 01 Test 02 Test 03 Test 04 Test 05 Test 06 Test 07 Test 08 Test 09 **Test 10**

5일 만에 끝내는 해커스 토익스피킹 실전모의고사 15회

Q3 소수의 사람이 중심인 사진

답변 표현

사진이 찍힌 장소 • in a parking lot

중심대상
• three people, loading some plastic bags into the back of the vehicle
• one of them, having something clipped on his belt
• another man, standing behind a shopping cart
• the other person, a woman, wearing sunglasses

주변대상
• background of the picture, the parking lot seems to be empty

느낌 및 의견
• some people, having just finished grocery shopping

모범 답변

장소	🎤 **This picture was taken** in a parking lot.	이 사진은 주차장에서 찍혔습니다.
중심 대상	**The first thing I see is** three people loading some plastic bags into the back of the vehicle. One of them has something clipped on his belt. Another man is standing behind a shopping cart. The other person is a woman wearing sunglasses.	처음에 보이는 것은 비닐봉지 몇 개를 차 뒤 칸에 싣고 있는 세 명의 사람입니다. 그들 중 한명은 벨트에 무언가를 고정해 두었습니다. 다른 남자는 쇼핑 카트 뒤에 서 있습니다. 또 다른 사람은 여자이고, 그녀는 선글라스를 쓰고 있습니다.
주변 대상	**In the background of the picture,** the parking lot seems to be empty.	사진의 배경에는, 주차장이 비어 보입니다.
느낌 및 의견	**Generally, it seems like** some people have just finished grocery shopping.	전반적으로, 몇 명의 사람들이 식료품 쇼핑을 막 끝낸 것 같습니다.

> **답변 Tip** 세 명의 중심 대상이 등장하는 사진의 경우, 사람들의 공통점을 먼저 언급한 뒤 one of them(그들 중 한 명), another(다른 사람), the other(또 다른 사람)와 같은 표현을 사용해서 각각의 복장 및 행동을 묘사하세요.

어휘 **load** [loud] (짐을) 싣다 **plastic bag** 비닐봉지 **clip onto** ~에 고정하다 **grocery** [gróusəri] 식료품

Q4 여러 사람이 중심인 사진

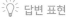 답변 표현

사진이 찍힌 장소 • at a coffee shop

중심대상
- a man with short curly hair and headphones on, looking at the screen of a laptop
- on the table, a cup of coffee and a piece of cake

주변대상
- behind him, a waitress serving coffee to another customer, who is focused on something

느낌 및 의견
- a typical scene at a coffee shop

 모범 답변

장소	**This picture was taken** at a coffee shop.
중심 대상	**What I see first is** a man with short curly hair and headphones on. He is looking at the screen of a laptop. **On** the table, there are a cup of coffee and a piece of cake.
주변 대상	**Behind** him, I see a waitress serving coffee to another customer, who is focused on something.
느낌 및 의견	**Generally, it seems like** a typical scene at a coffee shop.

이 사진은 커피숍에서 찍혔습니다.

처음에 보이는 것은 짧은 곱슬 머리의 헤드폰을 끼고 있는 남자입니다. 그는 노트북의 화면을 보고 있습니다. 탁자 위에는, 커피 한 잔과 케이크 한 조각이 있습니다.

그의 뒤에는, 무엇인가에 집중하고 있는 다른 손님에게 커피를 제공하고 있는 여자 종업원이 보입니다.

전반적으로, 커피숍에서의 일반적인 장면인 것 같습니다.

답변 Tip 일상적인 모습/풍경을 나타낼 때는 typical/pretty common/ordinary/regular과 같은 표현을 사용하여 느낌을 전달할 수 있어요.

어휘 **focus on** ~에 집중하다 **typical** [típikəl] 일반적인, 전형적인

5일 만에 끝내는 해커스 토익스피킹 실전모의고사 15회

Q5-7 전화 설문: 내비게이션 기기

Imagine that a tech company is doing research. You have agreed to participate in a telephone interview about navigation devices.	한 기술 회사가 조사를 하고 있다고 가정해 봅시다. 당신은 내비게이션 기기에 관한 전화 인터뷰에 참여하기로 동의했습니다.

Question 5

🎧Q: How often do you use a navigation device? How long have 영국식 발음 you used it?

🎤A: I use the navigation application on my mobile phone once a day. I've used it since I started working. It gives me the most accurate directions wherever I am.

어휘 **device**[diváis] 기기, 장치 **accurate**[ǽkjurət] 정확한, 올바른
direction[dirékʃən] 길, 방향

당신은 내비게이션 기기를 얼마나 자주 사용하나요? 얼마나 오래 그것을 사용했나요?

저는 내 휴대전화에 있는 내비게이션 애플리케이션을 하루에 한 번 사용합니다. 제가 일을 시작한 후부터 사용했습니다. 그것은 제가 어디에 있든 가장 정확한 길을 알려줍니다.

Question 6

🎧Q: And where was the last place you went using a navigation 영국식 발음 device?

🎤A: The last place I went using a navigation device was my friend's new apartment. I had never been there before, so the device helped.

그러면 내비게이션 기기를 사용해서 마지막으로 간 곳이 어디인가요?

제가 내비게이션 기기를 사용해서 마지막으로 간 곳은 제 친구의 새 아파트였습니다. 전에 그곳에 가본 적이 없어서 그 기기가 도움이 됐습니다.

Question 7

🎧Q: Do you think more people will use navigation devices in the 영국식 발음 future than they do now? Why or why not?

🎤A: I think more people will use navigation devices in the future. This is because cities and roads will become larger and more complex. Navigation devices will be necessary to get around. Also, navigation devices are getting more accurate, so they will be easier to use in the future.

어휘 **in the future** 미래에 **complex**[kəmpléks] 복잡한 **necessary**[nésəsèri] 필요한

당신은 미래에 지금보다 더 많은 사람들이 내비게이션 기기를 사용할 것이라고 생각하나요? 이유는 무엇인가요?

저는 미래에 더 많은 사람들이 내비게이션 기기를 사용할 것이라고 생각합니다. 왜냐하면 도시와 도로는 더 커지고 더 복잡해질 것이기 때문입니다. 돌아다니기 위해서는 내비게이션 기기가 필요할 것입니다. 또한, 내비게이션 기기는 점점 더 정확해지고 있어서, 미래에는 사용하기가 더 쉬울 것입니다.

Q8-10 월례 임원 회의 일정표

<table>
<tr><th colspan="3">Devon Company</th></tr>
<tr><th colspan="3">Monthly Board Meeting
2:00 P.M. – 5:30 P.M. Tuesday, December 12</th></tr>
<tr><th>Time</th><th>Agenda</th><th>Speaker</th></tr>
<tr><td>2:00 P.M.</td><td>Opening Address</td><td>Marlene Bone</td></tr>
<tr><td>2:30 P.M.</td><td>Agenda Overview</td><td>Marlene Bone</td></tr>
<tr><td>3:00 P.M.</td><td>[9]~~Awards and Recognitions -Outstanding Employee of the Month~~ canceled</td><td>Enrique Davenport</td></tr>
<tr><td>[10]3:20 P.M.</td><td>[10]Marketing Project Update
• Purpose and Goals
• Specific Strategies
• Customer Responses</td><td>[10]Tommy Owen</td></tr>
<tr><td>4:00 P.M.</td><td>Financial Report</td><td>Paul Houghton</td></tr>
<tr><td>[10]4:30 P.M.</td><td>[10]Sales Review</td><td>[10]Tommy Owen</td></tr>
<tr><td>5:00 P.M.</td><td>[8]Presentation: Case Study on Successful Sales Strategies</td><td>[8]Alanis Campbell</td></tr>
</table>

<table>
<tr><th colspan="3">Devon사
월례 임원 회의
오후 2시-오후 5시 30분
12월 12일 화요일</th></tr>
<tr><th>시간</th><th>안건</th><th>발표자</th></tr>
<tr><td>오후 2시</td><td>개회사</td><td>Marlene Bone</td></tr>
<tr><td>오후 2시 30분</td><td>안건 소개</td><td>Marlene Bone</td></tr>
<tr><td>오후 3시</td><td>[9]시상과 표창- 이달의 우수 직원 취소됨</td><td>Enrique Davenport</td></tr>
<tr><td>[10]오후 3시 20분</td><td>[10]마케팅 프로젝트 최신 정보
• 목적과 목표
• 구체적인 전략
• 고객 반응</td><td>[10]Tommy Owen</td></tr>
<tr><td>오후 4시</td><td>재무 보고</td><td>Paul Houghton</td></tr>
<tr><td>[10]오후 4시 30분</td><td>[10]매출 평가</td><td>[10]Tommy Owen</td></tr>
<tr><td>오후 5시</td><td>[8]발표: 성공적인 영업 전략에 관한 사례 연구</td><td>[8]Alanis Campbell</td></tr>
</table>

미국식 발음 🎧

Hello. My name is Federico Blanchard, and I have some questions about the upcoming monthly board meeting.

안녕하세요. 제 이름은 Federico Blanchard 이고, 다가오는 월례 임원 회의에 대한 몇 가지 질문이 있습니다.

어휘 **agenda**[ədʒéndə] 안건 **recognition**[rèkəgníʃən] 표창, 포상 **outstanding**[àutstǽndiŋ] 우수한, 뛰어난 **update**[ʌ́pdèit] 최신 정보
purpose[pə́:rpəs] 목적 **specific**[spisífik] 구체적인 **strategy**[strǽtədʒi] 전략 **response**[rispάns] 반응
financial[fainǽnʃəl] 재무의, 재정상의 **sales**[seilz] 매출, 영업 **case study** 사례 연구

5일 만에 끝내는 해커스 토익스피킹 실전모의고사 15회

Question 8

🎧 **Q:** Who will give the presentation, and what will it be about?
미국식 발음

🎤 **A:** The presentation will be given by Alanis Campbell. It will be a case study on successful sales strategies.

누가 발표를 할 것이고, 무엇에 대한 것인가요?

Alanis Campbell이 발표를 진행할 것입니다. 성공적인 영업 전략에 관한 사례 연구에 대한 것입니다.

Question 9

🎧 **Q:** I heard that there is an awards and recognitions session scheduled. Is that correct?
미국식 발음

🎤 **A:** Actually, the awards and recognitions session scheduled for outstanding employee of the month has been canceled.

시상과 표창 시간이 예정되어 있다고 들었어요. 맞나요?

사실, 이달의 우수직원을 위한 시상과 표창 시간은 취소되었습니다.

Question 10

🎧 **Q:** I work with Tommy Owen. Can you tell me what he is in charge of during the meeting?
미국식 발음

🎤 **A:** Of course. Tommy Owen will first give a marketing project update at 3:20 P.M. He will talk about the purpose and goals, and then cover specific strategies and customer responses. Also, he will give a sales review at 4:30 P.M.

어휘 **review**[rivjú:] 평가, 복습

저는 Tommy Owen과 함께 일합니다. 그가 회의 동안 무엇을 담당하는지 말씀해 주실 수 있나요?

물론이죠. Tommy Owen은 우선 오후 3시 20분에 마케팅 프로젝트 최신 정보를 발표할 것입니다. 그는 목적과 목표에 관해 이야기할 것이고, 그러고 나서 구체적인 전략과 고객 반응을 다룰 것입니다. 또한, 그는 오후 4시 30분에 매출 평가를 전달할 것입니다.

Q11 장·단점: 같은 동네에서 오래 사는 것

호주식 발음 What are some advantages of living in the same town for a long time? Use specific ideas and examples to support your opinion.	같은 동네에서 오랫동안 사는 것의 장점은 무엇인가요? 당신의 의견을 뒷받침하기 위해 구체적인 의견과 생각과 예시를 사용하세요.

답변 아이디어

장점 1	이웃과 가까운 친구가 됨 become close friends with their neighbors
근거	이웃과의 긴밀한 유대를 발전 시켜 가족처럼 됨 develop close bonds with them and become like a family
장점 2	주변을 더 잘 앎 know the area better
근거	어디가 가장 좋은 식당이고 어떤 가게에서 가장 좋은 가격을 갖고 있는지를 알고 있음 they know where the best restaurants are and what stores have the best deals

모범 답변

나의 의견	🎤 **I think** that there are a couple of advantages to living in the same town for a long time.	저는 같은 동네에서 오랫동안 사는 것에 몇 가지 장점이 있다고 생각합니다.
장점 1 + 근거	**First of all**, people who live in the same town for a long time become close friends with their neighbors. **To be specific**, they usually develop close bonds with them and become like a family. Everyone helps each other when needed.	첫째로, 같은 동네에서 오랫동안 사는 사람들은 그들의 이웃과 가까운 친구가 됩니다. 구체적으로 말하면, 그들은 이웃과의 긴밀한 유대를 발전시켜 가족처럼 됩니다. 모두가 필요할 때 서로를 돕습니다.
장점 2 + 근거	**Secondly**, people who live in the same place for a long time know the area better. **For instance**, they know where the best restaurants are and what stores have the best deals. This can help to save time and money.	둘째로, 같은 곳에서 오랫동안 사는 사람들은 주변을 더 잘 압니다. 예를 들면, 그들은 어디가 가장 좋은 식당이고 어떤 가게에서 가장 좋은 가격을 갖고 있는지를 알고 있습니다. 이것은 시간과 돈을 절약하는 데 도움을 줄 수 있습니다.
마무리	**Therefore, I think** there are a couple of advantages to living in the same town for a long time.	그러므로, 저는 같은 동네에서 오랫동안 사는 것에 몇 가지 장점이 있다고 생각합니다.

어휘   **close**[klous] 가까운, 긴밀한   **bond**[bɑːnd] 유대

MEMO

5일 만에 끝내는

해커스 토익 스피킹

실전모의고사 15회

개정 4판 4쇄 발행 2023년 4월 3일

개정 4판 1쇄 발행 2022년 5월 30일

지은이	해커스 어학연구소
펴낸곳	㈜해커스 어학연구소
펴낸이	해커스 어학연구소 출판팀

주소	서울특별시 서초구 강남대로61길 23 ㈜해커스 어학연구소
고객센터	02-537-5000
교재 관련 문의	publishing@hackers.com
동영상강의	HackersIngang.com

ISBN	978-89-6542-488-8 (13740)
Serial Number	04-04-01

외국어인강 1위,
해커스인강 HackersIngang.com

해커스인강

- 실전과 동일한 온라인 실전모의고사 5회
- 원어민의 억양/발음으로 실전에 완벽하게 대비하는 교재 MP3

영어 전문 포털,
해커스토익 Hackers.co.kr

해커스토익

- 최신 경향을 반영한 실전 토익스피킹 문제 및 해설강의
- 토익스피킹 기출유형특강 및 점수예측 풀서비스
- 토익스피킹 첨삭 게시판, 기출유형분석집 등 다양한 무료 학습 콘텐츠

헤럴드 선정 2018 대학생 선호브랜드 대상 '대학생이 선정한 외국어인강' 부문 1위

5천 개가 넘는
해커스토익 무료 자료!

대한민국에서 공짜로 토익 공부하고 싶으면 | 해커스영어 Hackers.co.kr ▾ | 검색

RC 정수진 | **RC 이상길**

강의도 무료

베스트셀러 1위 토익 강의 150강 무료 서비스,
누적 시청 1,900만 돌파!

문제도 무료

토익 RC/LC 풀기, 모의토익 등
실전토익 대비 문제 3,730제 무료!

LC 한승태 | **RC 김동영**

최신 특강도 무료

2,400만뷰 스타강사의
압도적 적중예상특강 매달 업데이트!

공부법도 무료

토익 고득점 달성팁, 비법노트,
점수대별 공부법 무료 확인

전원 무료

*미션 달성 시

가장 빠른 정답까지!

615만이 선택한 해커스 토익 정답!
시험 직후 가장 빠른 정답 확인

더 많은
토익무료자료 보기 ▶